AF489133

Consejos prácticos PAX

Psicología para todos

Dra. Elizabeth Blass

CADUCEUS

CONSEJOS PRÁCTICOS PAX
Psicología para todos
© Elizabeth Blass

Editado por: Corporación Ígneo, S.A.C.
para su sello editorial Caduceus
José Olaya 169, Ofic. 504, Miraflores. Lima, Perú
Primera edición, abril, 2025

ISBN: 978-956-6404-37-8

www.grupoigneo.com
Correo electrónico: contacto@grupoigneo.com | Teléfono: +51 955 071 270
Facebook: Grupo Ígneo | X: @editorialigneo | Instagram: @grupoigneo

Contenido

*Al Supremo Capitán y gloriosísimo
triunfador del mundo Jesucristo,
hijo de María.*

*A mi madre, padre y hermana, y
aquellos que en su inocencia me
han permitido conocer paz y bien.*

Si crees que estás vencido, lo estás.
Si crees que no te atreves, no te atreverás.
Si te gusta vencer, pero crees que no puedes,
es casi seguro que no vencerás.
Si crees que perderás, estás perdido.
Es todo cuestión del estado anímico.
Si crees que te superan, te superarán.
Tienes que tener pensamientos elevados para subir.
La lucha por la vida no la gana
siempre el más fuerte ni el más rápido,
pero, tarde o temprano, ¡el que gana
es el hombre que piensa que es capaz de ganar!

Wintle

Introducción

La única verdad de mi trabajo es vivir para mejorar,
vivir con salud mental.

Dra. Elizabeth Blass

Elisabeth Kübler-Ross, autora de varios libros, entre ellos el autobiográfico *Rueda de la vida*, enfatizó en esta obra la importancia de la vida y la muerte, proporcionando experiencias propias que la llevaron a crear lo que hoy conocemos como tanatología. Sin duda, el camino abierto por ella continúa expandiéndose y requiere mayor esfuerzo para consolidarlo por parte de quienes se dedican a la salud mental en este ámbito. Según Elisabeth, es parte de la vida ir haciendo el camino, a lo que añadía: «Lo más difícil es mantenerlo».

La muerte puede ser una de las experiencias más grandiosas, si se vive bien cada día. En ese caso, no hay nada que temer; solo hay que ser obstinados en seguir intentándolo hasta alcanzar el resultado anhelado. Aunque los contratiempos no se hacen esperar, cuanto más numerosos son, más aprendemos y maduramos.

Desde su infancia, Elisabeth Kübler-Ross enfrentó dificultades, como el incendio de su casa, donde perdió objetos valiosos que atesoraba por el sentimiento que depositó en ellos. No sabía cómo reaccionar, explicaba ella, ante esas intromisiones abiertas del destino, por lo que decidió tomar la realidad que se le presentaba como una lucha. Se dio cuenta de que lo que había perdido era lo material, pero lo valioso lo seguía poseyendo: la vida.

Cuando aprendemos la lección de lo vivido, el dolor desaparece y comenzamos a corregir nuestro rumbo. ¿Cómo saber si es el camino adecuado? Durante toda la vida se nos ofrecen pistas que nos indican la dirección correcta, aunque muchas veces no las veamos. Lo más difícil es abrir los ojos, una ironía, ya que los tenemos abiertos, pero no nos fijamos en los pequeños detalles a nuestro alrededor. Olvidamos que la vida es eso: un cúmulo de detalles que, si logramos observar, puede tornarla agraciada, plena y feliz. Como mencionaba Elisabeth, además, también puede incluir una buena muerte.

Con el paso de los años, al recordar el pasado, entendemos aquello que antes no percibíamos. Muchas decisiones se tomaron por elección propia, bajo el principio del libre albedrío. Sin embargo, el ser humano a menudo pierde la capacidad de soñar con lo que puede llegar a ser, cuando siempre debería aspirar a la estrella más alta.

La vida emocional ha sido objeto de estudio desde las perspectivas científicas hasta las convencionales. Emociones, sensaciones, sentimientos y pensamientos son elementos fundamentales para el crecimiento humano y determinan la dirección a tomar. Dentro de este contexto, la psicología ha cobrado relevancia en la época actual de modernidad y avances tecnológicos, buscando comprender dónde está la fuente de los problemas emocionales o los bloqueos en el crecimiento del ser.

Por ello, en el presente trabajo se abordará el concepto de duelo anticipado. Para una mayor comprensión, se indagará acerca de la noción de duelo, sus fases, los referentes más importantes en el tema, las principales críticas que ha recibido y su relevancia en el campo de la psicología.

La vida emocional, en esencia, es simple. Las sensaciones y sentimientos suelen identificarse con facilidad. Por ejemplo, el astillarse un dedo provoca sufrimiento. Sin embargo, el conflicto surge de las ideas asociadas al dolor, como nuestras propias recriminaciones, que generan, de manera inconsciente, estilos de vida saboteados por nosotros mismos. Los pensamientos afectan nuestra vida emocional, y su calidad depende del tipo de pensamientos que cultivamos. El problema no radica en ser racional, sino en creer que mi razón, aunque sea falsa, en realidad es verdadera para mí, para lo que soy, pienso y siento.

La muerte de un ser querido provoca un cúmulo de reacciones emocionales difíciles y dolorosas a las que las personas en duelo deben responder. Aunque la intensidad de estas reacciones disminuye con el tiempo para la mayoría, una minoría desarrolla complicaciones que afectan su salud física y mental. Denominamos *estilos de afrontamiento* a las estrategias que una persona utiliza, en forma consciente o inconsciente, para reducir, manejar y sobrevivir a esta sintomatología física, mental y emocional natural en el duelo.

El *duelo anticipado* es uno de los mecanismos de afrontamiento que ha servido en el presente para responder a demandas internas o externas que son percibidas como excesivas ante la amenaza de la pérdida de algo o alguien, lo que implica adaptarse y reorganizarse activamente (Lazarus, 1984).

La forma en que una persona enfrenta una situación de amenaza, trauma o pérdida depende de factores internos, como su desarrollo, rasgos de personalidad, género, experiencias previas de pérdida y otros; pero también de variables externas, como la naturaleza del trauma y la percepción de disponibilidad de apoyo en el entorno.

Según datos de la Organización Panamericana de la Salud (OPS, 2004), el índice de enfermedades terminales aumenta año tras año. En consecuencia, cada vez más personas enfrentan períodos de intensa agonía antes de morir. Este incremento de enfermedades terminales como el cáncer, el sida y las demencias ha generado un auge de profesionales abocados al tema.

Según datos arrojados por la OPS, se estima que hoy en día existen 40 millones de personas infectadas con VIH y se proyecta que habrá al menos 15 millones de nuevos casos oncológicos en el mundo. Por tal motivo, cada vez es más habitual el padecimiento de enfermedades prolongadas frente a un diagnóstico terminal preciso.

Debido a lo anterior, la psicología y su tratamiento psicoterapéutico ofrecen un modelo centrado en la relación terapéutica. Esta relación es y será utilizada por el especialista en estos casos de duelo anticipado para promover el contacto interpersonal que producirá el cambio, a través de la elaboración de los conflictos intrapsíquicos y promoviendo la integración de un ego que se encuentra en esos momentos fragmentado.

I
El concepto de duelo

Un duelo es considerado normal cuando las respuestas de una persona a la pérdida son esperables y presentan síntomas y un desarrollo predecibles. Sin embargo, ¿a qué nos referimos con duelo?

Para Freud (1917), el duelo se define como la reacción ante la pérdida de una persona amada o de algo físico o simbólico de importancia significativa para el sujeto. En sus palabras:

> El duelo pesaroso, la reacción frente a la pérdida de una persona amada o una abstracción que haga sus veces... contiene un talante dolido, la pérdida del interés por el mundo exterior —en todo lo que no recuerde al muerto—, la pérdida de la capacidad para escoger algún nuevo objeto de amor y el extrañamiento frente a cualquier trabajo productivo.

Así, el duelo es considerado un síndrome porque la persona presenta determinadas manifestaciones y síntomas. La forma de expresar el duelo está estrechamente relacionada con la cultura a la que se pertenezca (por ejemplo, el vestirse de negro), con las circunstancias que rodean la pérdida, la edad de la persona que fallece, su situación vital y si se trata de una muerte anticipada o repentina. Este proceso abarca emociones como el llanto, la negación y el aturdimiento.

En el caso de una pérdida que implique a una persona amada, se trata de una de las experiencias más penosas y dolorosas para el ser humano. El intenso dolor que esto genera provoca malestar y un cambio significativo en la vida del individuo.

Según Kaplan y Sadock (2001), es una respuesta normal que se suele manifestar como un estado de *shock* y perplejidad, en el que el sujeto encuentra dificultades para comprender lo ocurrido y transita por sentimientos intensos de tristeza, angustia e incluso culpa, acompañados de manifestaciones fisiológicas como llanto, cambios en el apetito y el sueño, además de una marcada disminución de la energía y el interés hacia el mundo circundante.

Al hablar de duelo, no podemos dejar de citar a Sigmund Freud, quien hizo importantes aportes en lo que a este tema respecta. Freud compara la melancolía con el duelo en su escrito *Duelo y melancolía* (1915-1917). Ambos son reacciones ante la pérdida de un ser amado. En el duelo, la pérdida trae grandes desviaciones en el comportamiento normal, pero no se considera una conducta patológica.

Todas las personas que sufren pérdidas afectivas atraviesan un proceso de duelo y es inevitable sentir tristeza ante semejante acontecimiento. En el duelo, la pérdida es real: se pierde un objeto del mundo externo y se sabe cuál es. La persona comienza con conductas anormales (aunque no patológicas) y estas se superan con el paso del tiempo. Hay una menor productividad y la sensación de que el mundo queda pobre y vacío.

Freud (1917) afirma:

> Confiamos en que, pasado cierto tiempo, se lo superará, y juzgamos inoportuno y aun dañino perturbarlo (...). El examen de realidad ha mostrado que el objeto amado ya no existe más, y de él emana ahora la exhortación de quitar toda la libido de sus enlaces con ese objeto. A ello se opone una comprensible renuencia; universalmente se observa que el hombre no abandona de buen grado una posición libidinal, ni aun cuando su sustituto ya se asoma (...). Se ejecuta pieza por pieza con un gran gasto de tiempo y energía.

Se espera que, de manera gradual y sin que implique límites temporales, la persona reorganice su vida a través de la paulatina comprensión de la irreversibilidad de la pérdida y de la capacidad de redistribuir su energía hacia otros objetos significativos. El duelo cumple con una tarea psíquica precisa: apartar poco a poco al deudo de los recuerdos del fallecido y de las esperanzas asociadas a este.

Es frente a esta concepción acerca de lo que se espera y lo que no en el duelo que se han ido elaborando y describiendo las características específicas que se espera que transite una persona en duelo y las variantes patológicas que pueden surgir del mismo (Bowlby, 1986).

1.2. Duelo normal y duelo patológico

El tiempo de reacomodo ante la pérdida, en este caso de un integrante de la familia, por lo regular se asigna según un lineamiento flexible basado en lo que reportan con frecuencia las personas que han atravesado un proceso de duelo. Mucho dependerá del grado de intimidad que se haya tenido con la persona fallecida. Se da un plazo de entre seis meses y un año, así como una serie de etapas que muchos autores han llegado a concluir. Según Moss (1986), para la resolución del duelo y la readaptación de la persona a su vida diaria, el proceso se divide en tres etapas:

1. *Shock*: la persona suele presentar aturdimiento, sensación de nudo en la garganta, llanto, desconfianza, negación (comportarse como si la muerte no hubiera ocurrido), suspiros, sentido de irrealidad y vacío en el estómago.

2. *Preocupación*: ira, insomnio, tristeza, agotamiento, anorexia (pérdida de apetito y de peso), anhedonia (desinterés por las actividades placenteras), introversión, pensamientos sobre el difunto, culpabilidad y dificultad

para concentrarse o dormir, así como despertares repentinos o sueños con la persona fallecida.

3. *Resolución*: la persona puede recordar el pasado con placer, recuperar interés en otras actividades y establecer nuevas relaciones.

Estas tres fases pueden variar, y es posible que emociones, síntomas o pensamientos de una de ellas se presenten en otra etapa. Además, estas emociones suelen variar entre hombres y mujeres. Puede aparecer el autorreproche, pero con menos intensidad que en el duelo patológico. Se relaciona con frecuencia con actos triviales que se hicieron o dejaron de hacer con la persona perdida. El sobreviviente suele sentir culpa, deseos de haber sido él o ella quien debería haber muerto y no el otro. En el adulto, son más frecuentes los deseos de morir, de no seguir viviendo sin el ser querido (O'Connor, 2007).

Los adultos presentan a menudo una tendencia a la idealización y un recuerdo selectivo de los atributos valorizados. También puede producirse la sensación de «presencia del fallecido», a veces de una magnitud tal que aparezcan alucinaciones o ilusiones (oír al difunto, verlo, olerlo). Sin embargo, al tratarse de un duelo normal, el individuo se da cuenta de que esto no es real (Kubler, 2007).

El duelo anormal puede presentarse de diversas maneras, que van desde el retraso del duelo o la ausencia hasta uno muy intenso y prolongado, asociado a conductas suicidas o síntomas psicóticos. Entre los factores de riesgo para que se desencadene algo así están las pérdidas inesperadas, el presenciar situaciones terribles alrededor de la pérdida, aislamiento social, sentimientos de responsabilidad por la muerte, historias de muertes traumáticas e intensa dependencia del individuo que falleció (Kubler, 2007).

El duelo negado es la ausencia de expresión de luto en el momento de la pérdida. Este tipo de duelo se considera patológico, ya que la persona que lo sufre intenta evitar la realidad. En otros casos, pueden aparecer reacciones físicas similares a las que causaron la muerte de la persona fallecida o presentarse reacciones desmedidas durante el primer aniversario de la muerte. Hay duelo patológico cuando la persona manifiesta una falsa euforia (Grimberg, 1994).

Otra forma de duelo patológico ocurre cuando aspectos normales del duelo se distorsionan o intensifican hasta adquirir respuestas con características psicóticas, como creer que uno mismo es el fallecido, pensar que se está muriendo de la misma manera que quien pereció —salvo que esto esté sucediendo realmente— u oír de manera persistente la voz del difunto, en lugar de que suceda, por ejemplo, de manera efímera o espontánea (Grimberg, 1994).

Las variedades patológicas del duelo abarcan alteraciones en la salud tanto física como mental. Los grados de estas afectaciones oscilan entre leves y graves.

1.3. Dimensiones del duelo anticipado

De acuerdo con lo anterior, la sensación y el sentimiento pueden considerarse sinónimos, ya que son vivencias subjetivas producidas por un estímulo sobre los órganos corporales. Este estímulo inicia el pensamiento y, luego, la emoción, que ya implica conciencia, respuesta fisiológica y conducta. Cabe señalar que el desencadenamiento de una emoción como el duelo ocurre a partir de una situación detonante que la provoca, como el enojo o la tristeza.

A partir de ahí, se crea un pensamiento que puede ser erróneo o distorsionado. No obstante, el objetivo es ajustar nuestros pensamientos hacia una respuesta racional, es decir, ni falsa ni irreal, lo que facilita una mejor adaptación a las situaciones cotidianas y permite reevaluar nuestras emociones.

Es innegable que todo nuestro sistema orgánico está ligado a los afectos, funciones, pensamientos y conductas. Estos elementos se interrelacionan y cuando uno decae, los demás lo siguen en un efecto dominó. Desde la psicología, buscamos la mejor alternativa con la intención de modificar este sistema para prevenir las recaídas y lograr reestructurar la forma de visualizar la vida de manera más constructiva. Ahí es donde radica la función del duelo anticipado.

Rando (2000) define el duelo anticipado como aquel que puede ocurrir cuando un individuo tiene la posibilidad de prever la muerte de un ser querido o la propia. Según la autora, se trata de un proceso complejo y multidimensional que abarca multiplicidad de acciones frente al reconocimiento de una muerte irrevocable, ya sea propia o de alguien amado.

Este fenómeno incluye siete operaciones generales en respuesta al reconocimiento de una enfermedad terminal propia o de un ser significativo (citado en Fulton, 2003). Estas operaciones son:

1. La pena y el duelo por las pérdidas presentes, pasadas y futuras;
2. los mecanismos de afrontamiento frente a dichas pérdidas;
3. la interacción y las modificaciones necesarias ante la muerte inminente;
4. la reorganización psicosocial;
5. la planificación de aspectos futuros;
6. la búsqueda de equilibrio individual y familiar frente a las nuevas y dificultosas demandas, y
7. la facilitación de una muerte apropiada.

Este proceso incluye muchos de los síntomas posteriores a una pérdida. Según Rando (1984), existen cuatro aspectos principales en el duelo anticipado:

1. Depresión,
2. aumento de la preocupación por el enfermo,
3. ensayo de la muerte,
4. e intentos de ajustarse a las consecuencias de esta.

En otros términos, junto con los síntomas de tristeza, ansiedad y enojo, característicos del duelo, tanto el sujeto como su familia comienzan a «ensayar» mentalmente las diversas formas en que podría producirse la desaparición física. En paralelo, se van adaptando a ella y a las pérdidas concomitantes. Según Rando (1984), el duelo anticipado permite una aceptación gradual de la realidad y la inevitabilidad de la pérdida. Brinda la posibilidad de concluir asuntos pendientes con el enfermo o viceversa, como expresar sentimientos y resolver conflictos pasados. Además, permite la modificación de la percepción de la vida y la propia identidad, y ayuda a planificar el futuro sin sentir que esto constituye una traición hacia el difunto.

El duelo anticipado parece implicar tres cuestiones fundamentales:

1. Los sentimientos inherentes al duelo y la aceptación de una pérdida (angustia, ansiedad, llanto, pena, e incluso enojo y culpa).
2. La reorganización individual y familiar frente a la pérdida (asunción de nuevos roles, resolución de asuntos inconclusos y manifestación de sentimientos).
3. El desapego progresivo del enfermo y la facilitación de una muerte apropiada.

Si bien es más utilizado cuando se aborda a las familias del paciente terminal, los estudios arrojan que también ocurre en el mismo paciente. En otros términos, el duelo anticipado se experimenta desde dos perspectivas distintas: la perspectiva del enfermo terminal y la de quienes cuidan de él (familia, amigos y otros seres cercanos al enfermo).

En este trabajo se analizarán ambos tipos de duelo anticipado, con el propósito de lograr una descripción y comprensión completas sobre el tema, sin excluir ninguno de los aportes relevantes (Rando, 2000).

Rando describe cinco aspectos funcionales del duelo anticipado:

1. *Reconocimiento*: proceso progresivo de aceptación de la inevitabilidad de la muerte del niño.
2. *Duelo*: experimentación y manifestación emocional del impacto de la pérdida anticipada, junto con las consecuencias físicas, psicológicas e interpersonales asociadas.
3. *Reconciliación*: desarrollo de una nueva perspectiva ante la muerte esperada, que permita mantener un sentido de confianza en el valor de la vida del niño y de la vida en general.
4. *Desapego*: proceso de retiro de la inversión emocional en el niño como un individuo con perspectivas de crecimiento.
5. *Memorialización*: creación de una representación mental del niño que perdure más allá de su muerte (p. 38).

Una de las cuestiones más importantes que este autor plantea es que lo significativo del duelo anticipado no radica en que, una vez que la persona fallece, parte del proceso de duelo ya se haya completado, sino en que anticipar una muerte permite al individuo, después de cierto tiempo, comprender la pérdida como un evento natural y predecible frente al cual desplegar sus mecanismos de afrontamiento para que sea menos doloroso.

No se trata de que exista una cantidad determinada de dolor que pueda distribuirse en el tiempo para que la situación resulte menos penosa; muy por el contrario, la intensidad del impacto se afronta de otra manera cuando el sujeto aún está vivo y tiene la posibilidad de reorganizarse y concluir asuntos pendientes.

De lo analizado por Rando, se desprende que el duelo anticipado es un proceso psicológico activo de pensamientos y emociones, muy distinto de la mera anticipación de la muerte, punto que ha dado lugar a interpretaciones erróneas en torno al concepto. Parecería, entonces, que, frente a la muerte cercana, el individuo tiene la oportunidad de aceptar de manera activa la realidad de la pérdida, atravesar los sucesivos duelos y reorganizarse. Cada sujeto puede afrontar este proceso psicológico de manera activa y consciente, o no hacerlo. Por eso, no toda persona que anticipa una pérdida atraviesa un duelo anticipado.

Desde el punto de vista del enfermo, las pérdidas abarcan diversos aspectos. Cuando un individuo conoce el desenlace de su padecimiento, se enfrenta al hecho de que su vida, tal como la conoce, es limitada. Debe reorientar sus proyectos, creencias y valores para adaptarse a su nueva realidad. El enfermo terminal sabe que perderá a sus seres queridos, la posibilidad de permanecer en este mundo y todo lo que hay en él, así como sus proyectos a futuro.

A medida que avanza su dolencia, coexiste con muchas otras pérdidas: el control, la independencia, la productividad, la seguridad, numerosas habilidades físicas, psicológicas y cognitivas que antes poseía; el placer, aspectos de su identidad, sueños y esperanzas; su hogar (al estar hospitalizado), sus posesiones, el sentido de la vida y hasta partes de su cuerpo (Rando, 2000).

Es por todo esto que se considera, según Rando (2000), que «el duelo anticipado engloba una serie de episodios de duelo en los que la implicancia de una pérdida anticipada es considerada y reconsiderada constantemente». La situación de la familia que atraviesa un duelo anticipado es particular. Se esperaría, dado lo vital y doloroso de la situación, que la pérdida o la amenaza de pérdida de un ser significativo se manifieste siempre por medio de la pena y la depresión.

Sin embargo, muchas veces se expresa a través de una profunda ansiedad e incertidumbre. En el duelo anticipado, la complicación radica en que se lamenta a alguien que aún está presente, mientras los roles familiares deben reorganizarse, aunque el individuo aún ocupe, en cierta medida, su lugar.

Para Rando (1984), el proceso de duelo anticipado lleva implícito un conjunto de tareas adaptativas que deben cumplirse en el seno familiar:

* *Permanecer involucrado con el paciente*: esto implica responder ante lo que el enfermo atraviesa e incluirlo en los eventos familiares.
* *Permanecer separado del paciente*: esta tarea, en cierta medida opuesta a la anterior, consiste en que cada miembro de la familia pueda diferenciarse del enfermo y aprender a tolerar el reconocimiento de que el otro morirá mientras ellos continuarán viviendo.
* *Adaptarse al cambio de roles*: cada integrante debe ajustarse a las nuevas demandas dentro de la familia y asumir nuevas responsabilidades.
* *Soportar los efectos del duelo*: consiste en manejar la multiplicidad de sentimientos que surgen en el duelo anticipado.
* *Aceptar la realidad de la inevitabilidad de la muerte*: los miembros de la familia atraviesan una serie de reacciones emocionales que los conducen al reconocimiento y aceptación creciente del fallecimiento inevitable de la persona. Deben poder anticipar un futuro sin ella y tolerar los pensamientos al respecto para planificar su propia existencia.
* *Despedirse*: esto puede ocurrir tanto a nivel verbal como no verbal, y supone el reconocimiento y aceptación de que la muerte está ocurriendo. Es como si la familia debiera darle permiso al enfermo para morir. A pesar del dolor y la pena, deben manifestarle que está bien partir y despedirse de él.

Por último, existen, según la definición de Rando (2000), determinadas variables que influyen en el duelo anticipado:

- *Variables psicológicas*: estas incluyen características relacionadas con la naturaleza y el significado del enfermo para la persona, la particular relación y el rol que se pierde, las características de la personalidad del sujeto en duelo, así como las características de la enfermedad y el tipo de muerte a los que el deudo debe enfrentarse (fantasías y experiencias anteriores).
- *Variables sociales*: abarcan el conocimiento y la respuesta del enfermo ante su enfermedad y su muerte inminente, las características de la relación familiar frente a la enfermedad y a la muerte próxima y los factores socioeconómicos y ambientales asociados a esta situación.
- *Variables fisiológicas*: incluyen la salud física del deudo, el uso de medicamentos, los hábitos alimenticios y los niveles de energía, entre otros.

En conclusión, el concepto de duelo anticipado describe un proceso psicológico amplio y complejo, pero que resulta recomendable en la actualidad.

1.4. Fases en el duelo anticipado

De la misma forma en que los distintos autores subdividieron el duelo en etapas sucesivas, igual ocurrió con el duelo anticipado. Bowlby (1980) menciona las siguientes fases en este proceso:

- *Fase de embotamiento de la sensibilidad*: en esta etapa, los padres que reciben la noticia de la enfermedad terminal de su hijo experimentan un sentimiento de aturdimiento, como si nada fuera real. La noticia, generalmente, no es asimilada desde el principio y se requieren varios días para aceptar el diagnóstico y sus implicaciones.
Durante este tiempo, los sentimientos pueden quedar en suspensión, lo que lleva al progenitor a mostrarse

indiferente. En muchos casos, se producen también arrebatos de ira dirigidos hacia el médico que realiza el diagnóstico.

- *Fase de incredulidad e intentos de revertir el desenlace*: Bowlby plantea que esta fase a la estudiada en el duelo, puesto que en el duelo anticipado la persona aún continúa viva. Por ende, lo que el individuo se resiste a aceptar no es la muerte del ser querido, sino que lo que se niega es el mensaje del médico.

El autor destaca que, como en la etapa anterior, es común que se presenten brotes de rabia y enojo contra el equipo médico. Estos episodios tienden a disminuir conforme se acepta la realidad del diagnóstico. La negación puede ser un mecanismo consciente o inconsciente que, en algunos casos, se extiende por meses.

Si bien cierta medida de negación puede ayudar al sujeto a controlar los aspectos penosos, cuando es excesiva impide que se comprometa con el programa terapéutico propuesto para el enfermo y participe en él de manera útil. Esta negación, con frecuencia, se manifiesta en una actividad frenética, como buscar en forma compulsiva información sobre la enfermedad o cuidar al paciente de manera compulsiva.

Otro referente fundamental en el estudio del duelo es Kübler-Ross (1975), quien en su obra *Los últimos instantes de la vida* detalla las etapas que transita un individuo al morir. A diferencia de Bowlby, su enfoque se centra en el enfermo y no en su familia.

Kübler-Ross identifica cinco etapas fundamentales en el proceso que ella denomina *el trabajo de la muerte*: después del choque provocado por la crisis de conciencia del desenlace inevitable y del estupor y la agitación que son su consecuencia, entran en acción una serie de mecanismos de defensa: la negación, la cólera, el regateo y la depresión.

En esos momentos, la pulsión de vida impone una dura batalla y el sujeto entra en una lucha cuerpo a cuerpo con el azar.

Parecería entonces, por lo descrito por la autora, que el individuo utiliza todas sus fuerzas para aferrarse a este mundo, y, a medida que las posibilidades disminuyen y la fuerza y las esperanzas se agotan, el enfermo poco a poco se desplaza a la cuarta fase: la depresión. Esta etapa, de la mano de la última, la aceptación de la inevitabilidad de la muerte, le permitiría acogerla con serenidad.

Con respecto al duelo anticipado, Kübler-Ross (2006) menciona:

> El duelo anticipatorio es, por lo general, más silencioso que el duelo después de una pérdida (...). Cuando un ser querido tiene que realizar un duelo anticipatorio para disponerse a separarse definitivamente de este mundo, también tenemos que realizarlo nosotros. Pensamos en las cinco etapas del duelo como etapas que atraviesa la persona moribunda, pero muchas veces quienes la quieren también las atraviesan antes de que ella muera.

Kübler-Ross ha sido una de las que ha abierto la comprensión hacia la vivencia subjetiva del moribundo, y de ella han sido tomados principios que hoy se consideran tanatológicos.

1.5. Rumiación obsesiva en el duelo anticipado

El estilo rumiativo es un mecanismo cognitivo de afrontamiento que se caracteriza por la focalización del doliente en los aspectos difíciles o negativos de manera repetitiva y pasiva (Nolen, 1991). Diversos estudios realizados en personas en duelo con estilos de afrontamiento rumiativos han descrito altos niveles de incidencia y severidad de depresión, cronificación del proceso y un aumento de la sintomatología, en especial aquella asociada al estrés postraumático.

Por tanto, el estilo rumiativo es desadaptativo y predice un desajuste, así como una menor calidad de vida en el doliente

(Nolen, 1994; 1999). Sin embargo, otros estudios sugieren que esta focalización cognitiva persistente en pensamientos o sentimientos relacionados con el ser querido fallecido, así como el impacto de su pérdida en la vida del doliente, es una reacción común en el duelo cuyo propósito y resultado son muy particulares y pueden llegar a ser adaptativos (Nolen, 2001).

Michael y Zinder (Hervás, 2006), en un estudio realizado con estudiantes universitarios en duelo, proponen denominar *rumiación* al estilo desadaptativo que no produce alivio con el tiempo, y *proceso cognitivo* a los pensamientos repetitivos productivos centrados en la resolución. Según estos autores, lo que marca la diferencia entre uno y otro es si el proceso lleva o no a la posibilidad de encontrar un nuevo sentido a la muerte o un significado que el doliente pueda incorporar. Esta posibilidad se asocia con una disminución de la rumiación, lo que deriva en una mejora del bienestar psicológico.

Un monólogo verbal interior, donde la persona en duelo habla consigo misma y anticipa pensamientos o emociones, genera preguntas, acusaciones, responsabilidades o incluso sentimientos de culpa. Esto se conoce como rumiaciones obsesivas en el duelo. Estas rumiaciones suelen manifestarse en forma de pensamientos intrusivos, fuera de control, como una voz ajena. Por ejemplo, aparecen frases como: «¿Y si...?», «si él no hubiera...», «si pudiera volver atrás», «ellos son los responsables», «ojalá les pase algo», «tendría que denunciarles» o «es mi culpa». Estas frases señalan situaciones, elementos o aspectos inaceptables sobre las circunstancias de la muerte, la relación perdida o sus consecuencias.

Así, el pensamiento obsesivo se configura siempre alrededor de una cuestión en forma de búsqueda:

- La exploración de elementos circunstanciales que expliquen o justifiquen la causa de la muerte (*¿por qué? ¿Qué pasó? ¿Cómo fue?*).

- Fijaciones en detalles no necesariamente relevantes (*¿y si...?*).
- La identificación de responsables, que pueden incluir a otros, un colectivo, la persona en duelo o el fallecido (*¿Quién?*).
- La focalización en síntomas negativos y sus posibles causas y consecuencias.
- La búsqueda de significados sobre el porqué o el para qué de la muerte (*¿por qué? ¿Para qué?*).

Estos pensamientos se caracterizan por su repetitividad, circularidad, fijación y falta de perspectiva general. Ante la pérdida de un ser querido, los mismos se configuran como exploraciones alrededor de las circunstancias de la muerte, las posibles causas y efectos de la pérdida o aspectos de la relación con el ser querido. Este proceso cognitivo permite una revisión exhaustiva del evento traumático y sus consecuencias en la vida de la persona en duelo. Como estructura defensiva psicológica, cumplen varias funciones:

- Mejorar la predictibilidad ante posibles nuevas pérdidas traumáticas;
- dar significado a lo sucedido;
- preparar sentimientos de culpa;
- mantener la continuidad de la relación con el fallecido;
- manejar emociones dolorosas como la ira y el dolor;
- y ofrecer un sentido de protección y estabilidad dentro de la fragmentación interna que vive el doliente (Hervás, 2006).

Por ello, el psicólogo no debería limitarse a desactivar el estilo rumiativo en un duelo anticipado. Más bien, deberá identificar, validar y explorar el pensamiento obsesivo como una estructura psíquica defensiva adaptativa frente al sufrimiento inherente al duelo. Además, puede considerarse una oportunidad para identificar y elaborar aspectos subyacentes del duelo que generan conflicto intrapsíquico y fragmentación interna. En este contexto, la relación terapéutica (Nolen, 2001) será una herramienta esencial.

La psicoterapia en el duelo anticipado enfrenta numerosos retos distintos y novedosos, para los cuales los métodos y estrategias tradicionales de psicoterapia no siempre resultan útiles. Aunque el duelo es un problema sin solución que provoca sufrimiento emocional agudo en quien lo vive, sí permite una readaptación, y el apoyo que un profesional de la conducta sea capaz de brindar resulta fundamental.

1.6 Epílogo

El término duelo anticipado comienza a ganar relevancia en el ámbito de la salud. Su principal beneficio radica en la posibilidad de prepararse para la muerte de forma natural, resolver asuntos pendientes y despedirse del enfermo. Por su parte, el paciente puede aprovechar esta etapa para expresar sus últimas palabras, despedirse de sus seres queridos y dejar recomendaciones sobre aspectos importantes de su vida.

Según Rando (1984), el duelo anticipado facilita identificar los asuntos pendientes del paciente y permite trabajar en formas de resolverlos. El autor afirma: «Los efectos benéficos del duelo anticipado han incentivado a los cuidadores de la salud a ayudar a los pacientes a que puedan anticipar pérdidas futuras, para que, cuando estas ocurran, estén más y mejor preparados para ellas» (p. 37).

Sin embargo, otras perspectivas señalan posibles efectos negativos, como lo evidenciado en el *síndrome de Lázaro* (Rando, 1984). Este cuadro clínico, denominado así por el personaje bíblico a quien Jesús resucitó, sucede cuando la muerte, anticipada por mucho tiempo, no ocurre, debido a una remisión sorpresiva del enfermo. Los familiares, ya habiendo realizado el duelo anticipado en tal grado que se han desapegado del individuo, ven dificultada su capacidad de reinvertir emocionalmente en él.

Esto puede generar sentimientos de frustración, enojo y resentimiento, y los familiares deberán hacer un esfuerzo significativo para que todo vuelva a la normalidad.

Las familias en duelo anticipado buscan aceptación y apoyo de los profesionales de la salud, así como una comunicación clara sobre el estado real del paciente y la certeza de que recibe el mejor cuidado posible. Por ello, proporcionar información adecuada, fomentar la expresión de sentimientos y facilitar que enfermos y seres queridos resuelvan asuntos pendientes se consideran puntos de apoyo y cuidado centrales en el manejo del duelo anticipado (Kehl, 2005).

Lo fundamental de la inclusión de los profesionales de la salud en este caso particular radicaría en que tienen el potencial de alterar esta etapa final de la vida, facilitar un trabajo de duelo apropiado y hacer que la fase posterior a la muerte sea más fácil para la familia del individuo (Kehl, 2005).

Desde este punto de vista, entonces, el duelo anticipado es saludable y necesario, y constituye un momento propicio para la inclusión de profesionales de la salud que favorezcan que se transite por esta etapa de manera saludable, permitiendo la manifestación de los propios sentimientos y contribuyendo así con un duelo posterior a la muerte libre de patologías.

Reconociendo su importancia, autores como Kehl (2005) han propuesto diez lineamientos clave para los profesionales de la salud que acompañan a pacientes y familiares en duelo anticipado:

1. Es elemental recordar que tanto el enfermo como su familia que atraviesan un duelo anticipado son aún seres vivientes y, por tanto, pueden tener asuntos pendientes que resolver.

2. Las fuentes de estrés que confrontan a un individuo que atraviesa un duelo anticipado son múltiples y complejas. Los profesionales deben ser sensibles a la naturaleza multidimensional de este fenómeno.

3. Es fundamental tener una perspectiva holística del individuo que está atravesando un duelo anticipado. Existen dimensiones físicas, psicológicas, sociales y espirituales en el duelo anticipado, por lo que un abordaje multidisciplinario es lo más recomendado.

4. Las pérdidas y los desafíos que enfrentan quienes atraviesan un duelo anticipado cambian con frecuencia durante el proceso de morir. Por tal motivo, es fundamental que el profesional a cargo indague sobre lo que el individuo está experimentando en el aquí y ahora.

5. Es importante tener en cuenta la red social en la cual interactúa el individuo. Diferentes personas pueden atravesar el duelo anticipado de manera distinta frente a la misma muerte o pérdida, por lo que estas experiencias variadas afectarán las interacciones entre ellos. Es de vital importancia utilizar la red social para incrementar el apoyo del afectado.

6. El trabajo y la escucha atenta a las necesidades prioritarias del individuo son aspectos clave para ayudar al paciente.

7. El principal foco de atención debería dirigirse a la reacción ante la pérdida y los mecanismos de defensa y afrontamiento del sujeto.

8. Los profesionales de la salud deben confiar en lo mucho que pueden realizar para minimizar el pesar generado por el duelo anticipado. Aquellos que lo transitan en general necesitan reasegurarse de que cuentan con ayuda disponible.

9. Los profesionales de la salud han de mantener una actitud abierta a lo que pueden aprender sobre la humanidad a partir de la experiencia de asistir a otros a lidiar con la muerte y el duelo.

10. La apreciación y el aprendizaje sobre la muerte y el duelo anticipado permiten a los profesionales de la salud ser mejores clínicos y también mejores personas (Kehl, 2005).

Cuanto más grande sea nuestro amor, dependencia y esperanza de una persona, tanto más nos dolerá su pérdida. Evitar la emoción nos lleva a la enfermedad y a una severa angustia (choque psicológico) que nos imposibilita crecer y aceptar el cambio. No se puede sanar al mundo sin sanarse primero, sin olvidar que lo único que vive eternamente es el amor.

El duelo es todo lo que sentimos, las reacciones y los cambios que ocurren ante la pérdida de alguien querido, como lo define la doctora Nancy O'Connor (2007). Habrá que añadir que es un proceso humano por el que todos pasamos en nuestra vida mundana o terrenal. La muerte la hemos convertido en enemiga, en lugar de verla como amiga. La evitamos, le tememos, tanto que seguimos preparando nuevas generaciones de médicos con la idea de vencerla, de triunfar sobre ella, e incluso le pedimos a la religión que nos salve.

Es un error humano considerarla así, y un temor equivocado, algo que solo para algunos se prolonga y que, para otros, sin explicación alguna, se presenta. No aceptarla como parte de nuestra realidad nos lleva al sufrimiento innecesario que esta, por sí sola, puede provocar. Y de allí nacen frases que evitan su discusión, tales como: «Mira, tú no te vas a morir, así que no quiero escuchar una palabra más».

El duelo es personal; cada quien reacciona de manera diferente. Algunos expresan el llanto, otros reflexionan en silencio. La mejor forma de brindar apoyo es hacerles saber que estamos ahí.

Hay que liberar al fallecido y proseguir con la propia existencia. El psicólogo Carl Jung dijo que ser humano significa tener problemas. Yo más bien diría: vivir los problemas. El dolor puede propiciar mayor madurez. Con el tiempo, podemos ser sensibles ante el sufrimiento de los demás y encontrar lo mejor de todo esto: la fuerza interna. Cuanto más intenso es el amor y el compromiso, mayor será la pérdida.

El tiempo de recuperación variará de persona a persona, ya que cada quien vive su dolor y, claro está, su pérdida, de manera diferente. Lo difícil es no perdernos en el trance del dolor y en la aceptación de este. Por lo tanto, el duelo es un concepto complejo, porque compleja es la experiencia que describe e intenta explicar. Lo cierto es que el duelo anticipado es un asunto multidimensional que describe la reacción de pena por la que puede transitar, o no, un individuo frente al conocimiento de la proximidad de su propio fallecimiento o el de un ser querido.

Bowlby (1980), al describir las fases del duelo anticipado, dice: «El proceso de duelo comienza en el momento en que les dan el diagnóstico» (p. 130), y agrega que los estudios confirman que los padres que se niegan a creer en el diagnóstico de su hijo no inician el proceso de duelo anticipado. Lo que no queda claro es que la incredulidad y la negación, a su vez, se corresponden con la segunda etapa del duelo anticipado descrita por Bowlby, con lo cual ya estaríamos dentro de las fases de este. Aunque, por otro lado, no habrá duelo anticipado si la negación no cede.

Por lo tanto, la comunicación de sentimientos entre el enfermo y la familia será útil para llegar a buen término y que sea de gran ayuda al dar cauce a la resolución de asuntos prácticos y emocionales pendientes, hacer que la familia incorpore lo que acontece, así como el tiempo que acaba. Es oportuno utilizarla para el bien de todos. Es una tarea adaptativa que hoy en día será necesaria y retomada clínicamente con mayor certeza, ya que la muerte es lo único determinado que, como seres humanos, tendremos que afrontar en algún momento de la existencia.

Todos nosotros hemos sido hijos; algunos identificados más con el padre, otros con la madre, y aun así, tenemos libre albedrío, aunque algunas veces estuvimos persuadidos por ellos y más cerca del corazón de uno que del otro. En el peor de los casos, elegimos el camino del miedo, del no desafío, de la complacencia hacia los demás. Sin saberlo, cultivamos de esta manera nuestra propia infelicidad y olvidamos que las circunstancias de la vida son las que nos dan el aguante, la determinación y la energía para todo lo que nos aguarda, para desafiar o no.

La mejor medicina del mundo son los cuidados y el cariño de aquellos que nos quieren. La mentalidad es la que nos hace pensar: si eres capaz de aguantar esto, aguantarás cualquier cosa en la vida.

La muerte no siempre es controlable, pero, bien mirada, puede ser lo mejor. «El destino se parece mucho a la fe, ambas cosas exigen una ferviente confianza en la voluntad de Dios».

El conocimiento por sí solo no va a curar a nadie; si no se usan la cabeza, el alma y el corazón, no contribuiremos a sanar a un ser humano.

Tal vez el principal obstáculo que la mente nos impide comprender es que nuestro inconsciente es incapaz de aceptar que nuestra existencia debe terminar. Solo interpretamos la interrupción de la vida bajo el aspecto de un final trágico, un dolor terrible. Por ejemplo, para el médico, la muerte es fracaso. Eso hace que no logremos asimilarla como algo natural, encontrándonos ante el miedo a morir porque nos «tenemos que» recuperar.

> Los maestros se presentan en todas las formas y con toda clase de disfraces. Todas las teorías y toda la ciencia del mundo no pueden ayudar a nadie tanto como un ser humano que no teme abrir su corazón a otro.

Vive de tal forma que, al mirar hacia atrás, no deplores haber desperdiciado la existencia. Vive de tal manera que no lamentes las cosas que has hecho ni desees haber actuado distinto. Vive con sinceridad y a plenitud. Vive.

La muerte llegará por sí sola y demuestra que la realidad suele ser difícil de aceptar, pero ¿qué otra alternativa hay en donde la negación es una defensa, una forma normal y sana de enfrentarse a una noticia horrible, inesperada y repentina?

Después, esta negación se convertirá en rabia. Entonces, preguntarás: «¿Por qué no él (o ella)?». Luego regatearás, te quedarás un tiempo más, para, por último, deprimirte por lo que comprendes que vas a perder. La mejor forma de ayudarnos es permitirnos sentir aflicción y concluir nuestros asuntos pendientes. Solo así llegaremos a la última fase: la aceptación.

El tiempo que me he dedicado a la atención mental me ha llevado a poder compartir lo que me parece correcto, no lo que se espera de mí. Eso promueve, en una psicoterapia, la total recuperación emocional, al poder elegir la vida. He sido testigo de cómo aprendemos a tener compasión y comprensión de nosotros mismos, convirtiéndonos en personas sanas para el mundo. Mis pacientes saben que la casualidad no existe, sino la capacidad de elegir cuantas veces sea necesario para sanarnos mentalmente, con todo lo que ello implica.

Los sentimientos de tristeza y las lágrimas aparecen en momentos inesperados; es importante dejarlos salir. El gasto de energía en reprimirlos es mayor, hay fatiga y agotamiento, no siendo un buen momento para tomar decisiones importantes. Asimismo, durante los períodos de nerviosismo extremo, es más probable que ocurran accidentes. Cuando sufrimos un estrés emocional y no hemos resuelto nuestros sentimientos, estamos más expuestos a los accidentes. Por lo tanto, es importante tomar precauciones extraordinarias, más en nuestra cultura occidental, donde la moda es dejar asuntos inconclusos.

Cuando se actúa de diferente manera con los padres y ven que ya no sirve su método, lo más seguro es que se moderen y te acepten como eres. Una de las experiencias más desafiantes para la condición humana consiste en adaptarse a la soledad, que nos asusta porque no estamos seguros de ser capaces de cuidarnos a nosotros mismos y satisfacer nuestras propias necesidades. La soledad se asocia con sentimientos de separación, aislamiento, pérdida de contacto y abandono.

El desafío de la condición humana es el de adaptarnos a nuestra singularidad. Se nace solo y se muere solo. Estar solo te brinda tiempo para pensar, descansar, leer, disfrutar de la naturaleza, crear, meditar, orar, apreciarte y conocerte a ti mismo. Como hemos manejado la vida es como manejaremos la hora próxima a nuestra muerte.

La muerte por suicidio, en los últimos tiempos, es de las más difundidas por la radio o la televisión, pero quienes no logran cometer suicidio sienten culpa, responsabilidad y son recriminados. Estas personas deben pasar por las fases de una posible recuperación emocional. El suicida, en un estado de ambivalencia, experimenta impulsos contradictorios de vivir y morir, escapar del dolor y castigar a los que considera culpables de sus males. Su familia, por su parte, también tiene que lidiar con su duelo y con preguntas sin respuesta.

Hoy existe la disposición en vida o voluntad anticipada, que permite establecer unas mínimas orientaciones sobre la propia muerte en caso de grave enfermedad, como evitar procedimientos médicos para ser mantenido vivo cuando el cerebro está muerto. De igual modo, pueden tomarse decisiones antes de alguna cirugía.

En países como Holanda, Bélgica y ciudades como Oregón (Estados Unidos), la eutanasia o suicidio asistido de forma médica está permitido.

La extensión del trauma que produce una pérdida de cualquier nivel está relacionada con cuatro factores importantes:

1. Liga emocional;
2. tipo de pérdida;
3. personalidad y la forma en que se han manejado muertes cercanas anteriores;
4. y las circunstancias y el conocimiento previo de la pérdida.

La resistencia solo retrasa y prolonga lo inevitable. «Estar vivo significa participar en la acción de la vida. Tienes que deshacerte de lo antiguo para conceder un lugar a lo nuevo». Como seres humanos, aún no estamos preparados para morir ni para aceptar la muerte, y mucho menos las distintas formas en que la misma puede ocurrir. Solo que ahí está, y nos evidencia la finalidad humana. Si somos conscientes de ello, quizá —y no solo quizá, sino con seguridad—, disfrutaremos más y mejor de este mundo y arreglaremos aquello que todavía está en nuestras posibilidades. Así, cuando nuestra misión termine, podremos irnos en paz.

II

Sufrimiento emocional. Mentes peligrosas

El medioambiente en que se desarrolla el ser humano es importante para generar un crecimiento personal en todos los ámbitos, y la educación no es la excepción. Además de la interacción humana, el conocimiento que se genera y que se promueve en la discusión de una u otra opinión ayuda a la producción de una metacognición, es decir, a la creación de herramientas mentales que pueden utilizarse a la hora de enfrentar problemas, planear un curso de acción, supervisar la estrategia elegida y, al final, reflexionar sobre lo realizado para evaluar el éxito o el fracaso. Cuanto más claro tengamos aquello que nos puede servir para mejorar el aprendizaje, más logros obtendremos; todo consiste en buscar la comprensión.

La mayoría de las veces ejercemos el trabajo sin saber que lo hacemos o lo hacemos sin conocer en verdad qué implica, y conforme al ejercicio de este, tanto cotidiana como empíricamente, vamos modificando nuestro proceder. Sin embargo, como toda materia de estudio, tiene su método y sus estrategias. En este caso, podemos verlo representado en ejemplos muy simples, como aquellos programas de televisión o películas donde exponen algunos detalles de la vida real y las dificultades propias de la enseñanza.

Pongamos atención en la película *Mentes peligrosas*. En ella, para comprender el tipo de enseñanza que se imparte, hay que entender primero la historia detrás de cada alumno, por ende, de cada cultura, la cual puede ser un obstáculo si no la consideramos, aunque en otras ocasiones resulta un aspecto motivador para convertirnos en lo que no se nos ha enseñado y cambiar lo que aún se puede: nuestra propia historia y la vida futura.

Michelle Pfeiffer (quien interpreta a LouAnne), como toda persona que desea encontrar un nuevo empleo, llega a una institución con carencias en el plantel educativo y en los docentes, encontrando una vacante que, por la necesidad tan urgente de cubrir el puesto, le otorgan sin importar su currículo. Le asignan su plan de estudio y horarios y ella, sin pensar en lo que se toparía, acepta gustosa, además de que el sueldo no era para despreciar.

Le refieren que su grupo es conocido como la «academia» y está compuesto por jóvenes desafiantes y apasionados, a quienes califican como «chicos especiales». Esa idea se fija en ella y decide actuar en consecuencia. Para su sorpresa, su imagen de quienes serán sus estudiantes no se corresponde con lo que ella imagina. Luego de un período de frustración, cambia de estrategia y opta por entrar al mundo de ese colectivo al que le había tocado enseñar. Para completar el cuadro, el contexto en el que los estudiantes viven le añade un grado más de dificultad.

Empieza por transformar los estímulos en sus alumnos, desde lo verbal hasta lo no verbal y sensorial, comenzando por su propia apariencia y vistiendo de acuerdo con el estilo de vida del grupo. Poco después, modifica la manera como llama su atención para que se vean interesados en su clase. Luego estimula la cooperación y el grado de competencia entre ellos mismos por pertenecer a distintas culturas. Les permite su propia manera de gobernarse dentro del aula y les hace saber cómo se llevaría a cabo, con límites y tareas que ella modifica de acuerdo con lo que manifiestan: sus reclamos y experiencias, sus notorias agresiones entre ellos y la inconformidad con el sistema que rige sus vidas actuales.

La maestra se da cuenta de que el sistema la limita en cuanto a la enseñanza y no promueve en los alumnos la capacidad de desafiar el régimen. La advierten sobre los antecedentes del tipo de jóvenes que maneja. Ella entiende que no hay plan de estudio y que el único interés es mantener a la «academia» funcionando, sin importar el equipo docente ni el aprendizaje o la formación de quienes están en ella, siempre y cuando se cumplan los estatutos.

Sin embargo, su persistencia y compromiso por ser una buena formadora la impulsan a insistir en ganarse el aprecio de sus estudiantes, que la observen, escuchen, que escriban, practiquen y hablen. Comienza a moverlos hacia donde ella quiere, para lograr que vean que existe la oportunidad de mejorar, de estudiar y cambiar la historia, todo sobre la base de las propias decisiones.

Ahora bien, dentro de las estrategias psicoeducativas de enseñanza que ella utiliza están las que sirven para activar los conocimientos previos, para lo cual usa técnicas como discusión guiada y actividad generadora de información previa. También emplea herramientas para orientar y guiar a los aprendices sobre aspectos relevantes de los contenidos de aprendizaje, en este caso, de poesía y literatura.

LouAnne los lleva desde los microprocesos, es decir, los automáticos, como el reconocimiento de palabras, la construcción de ideas, coherencia, vinculación e integración de proposiciones, hasta los macroprocesos de ejecución consciente, como generalización, jerarquización de ideas, coherencia global, inferencias y construcción de modelos.

Asimismo, utiliza métodos de composición de textos, siendo su apoyo la reflexión y la creatividad. Los ayuda a aumentar su vocabulario, entender aspectos lingüísticos y conocer los temas sobre los que van a escribir. De este modo, la relación entre la docente LouAnne y el grupo va ayudando a un aprendizaje de tipo significativo, es decir, a un proceso de construcción de significados, así como a que el alumno asuma la responsabilidad de su propio aprendizaje y la capacidad de evaluar su propio crecimiento, muy similar a nuestro actuar en una psicoterapia.

Para ello, LouAnne hace gran uso de estrategias como el diálogo sustantivo y la interacción con las ideas de un tema, así como proporcionar su apoyo para motivarlos, a través de refuerzos palpables como chocolates, una cena en un establecimiento elegante o en su propia forma de decirles las cosas. Todo esto dentro de la psicología son herramientas útiles para repetir o eliminar conductas, y en el aprendizaje no son la excepción.

Además, en esta película, el conocimiento que se genera y que se promueve en la discusión de una u otra opinión es lo que Johnson y Johnson (1991) llaman aprendizaje cooperativo. No olvidemos los materiales o apoyos didácticos que utilizó: el pizarrón para gis, los libros y las copias, que le fueron de gran utilidad en la enseñanza. Los resultados que va obteniendo le permiten afinar el plan y reiniciar el ciclo para que se convierta en una herramienta didáctica de mayor eficacia y, sobre todo, en un trabajo psicoterapéutico grupal.

La formación general se define como la configuración que ha adquirido la personalidad de un individuo, producto de los aprendizajes significativos obtenidos a lo largo de su vida. Esto se conoce como perfil del egresado.

La formación integral debe abarcar tres aspectos: la adquisición de información, el desarrollo de capacidades y el desarrollo de la subjetividad. El primer aspecto consiste en conocer, comprender y manejar la información. El segundo engloba lenguajes, habilidades del pensamiento, destrezas físicas o motoras y métodos. El tercero, por último, los adapta a hábitos, actitudes y valores.

Esta película demuestra todo lo anterior y lo importante que es el vínculo humano; en otras palabras, la relación humana de persona a persona. Cuando se alcanza ese enganche entre ambas partes, el trabajo fluye de una manera rápida y duradera. Incluso, la conciencia que se logra es la de elegir, ese derecho que todos tenemos al libre albedrío. Ese señalamiento cambia por completo la mentalidad e inicia el cuestionamiento en ellos de que pueden cambiar, a pesar de los contratiempos y contrariedades de su vida. Esa es la meta de nosotros, los especialistas en salud psicológica y salud mental.

La mente es determinante y maleable. Solo es cuestión de no olvidar que, si queremos seguir aprendiendo y lograr conocimientos significativos y perdurables, hay que ejercitarla para que se vuelva poderosa y, en consecuencia, nosotros también lo seamos, por nuestro bien y el del mundo que conformamos. Reafirmo, para terminar, que cada quien va a planear, de acuerdo con su personalidad, cómo cumplir con sus objetivos.

III
Emoción, sensación, sentimiento y pensamiento

La vida emocional ha sido objeto de estudio para el ser humano, desde una manera científica hasta aquella simple y convencional, las emociones, sensaciones, sentimientos y pensamientos son elementos fundamentales en el crecimiento del ser humano y determinantes para dirigir la propia existencia. Por ello, la psicología ha cobrado fuerza en esta época de modernidad, de adelantos tecnológicos y buscamos entender dónde está la fuente del problema emocional o del bloqueo del crecimiento del ser.

Empecemos por definir algunos elementos.

Emoción: reacción negativa o positiva, de duración breve, que aparece como respuesta ante objetos o acontecimientos externos e internos. Por lo general, las reacciones emocionales tienen una influencia directa sobre la conducta del individuo y se asocian a manifestaciones somáticas diversas. Los componentes de las emociones son tres: *experiencia consciente, respuesta fisiológica* y *conducta expresiva.*

- *La experiencia consciente* es la experiencia subjetiva que acompaña a la emoción. Se trata de lo que la persona siente y solo se puede conocer a través de la descripción que ella haga.
- *La respuesta fisiológica* del organismo ante una experiencia emocional es ineludible y viene determinada por el sistema nervioso autónomo.

- *La expresión de las emociones* se realiza a través del lenguaje y la comunicación no verbal.

En el origen de las emociones se han propuesto diversas teorías que pueden resumirse en dos: la periférica y la central.

- *La teoría periférica* se inicia con una percepción del estado del organismo; en otras palabras, es fruto de la percepción sobre los cambios corporales producidos por un estímulo externo.
- *La teoría central* dice que no es la percepción sino el control del cerebro el que origina las emociones. Así, serían las experiencias previas, los pensamientos o las creencias las que marcarían la génesis de una emoción, aunque pareciera que ambas teorías se identifican en el devenir emocional.

Sensación: vivencia subjetiva producida por la acción de un estímulo sobre los órganos sensoriales. Puede entenderse como sinónimo de sentimiento. El psicólogo alemán W. Wundt, considerado el padre de la psicología, distingue entre sensación y percepción. La sensación es un elemento y la percepción un conjunto integrado por esos elementos.

Sentimiento: estado emocional, equivalente al afecto, que es acompañado por expresiones corporales observables por los demás, originado hacia un objeto, que acompaña una idea o representa sensaciones subjetivas como amor, odio, celos...

Pensamiento: actividad mental asociada con la comprensión, el procesamiento y la comunicación del saber. Es equivalente a la cognición y se conforma en agrupaciones mentales denominadas conceptos. La capacidad para elaborar y utilizar conceptos es propia del pensamiento racional. Del mismo modo lo es la habilidad para resolver problemas, para afrontar situaciones nuevas para las cuales no tenemos una respuesta bien elaborada.

El pensamiento también se nutre de la toma de decisiones y la formulación de juicios.

De acuerdo con lo anterior, sensación y sentimiento son sinónimos, vivencias subjetivas producidas por un estímulo sobre los órganos corporales, donde da inicio al pensamiento y, después, a la emoción, que ya implica la conciencia, respuesta fisiológica y conducta. Aunque podemos agregar que el desencadenamiento de una emoción será a partir de una situación detonante, como el enojo o la tristeza, de allí la creación del pensamiento, tal vez uno erróneo, aunque lo que se pretende es adecuar nuestros pensamientos a una respuesta racional, es decir, no falsa ni irreal, para producir una mejor adaptación a las situaciones cotidianas que se presenten y reevaluar nuestras emociones.

No podemos negar que todo nuestro sistema orgánico está ligado a los afectos-funciones-pensamientos-conducta. Unos y otros se interrelacionan y provocan un efecto dominó: decae uno y los demás le siguen. Lo que seguimos buscando, sea por medio de la psicología o la filosofía, es encontrar la mejor alternativa para modificar las recaídas humanas y que el sujeto logre reestructurar su forma de visualizar la vida.

IV
Esquema básico
de la filosofía Gestalt

La filosofía Gestalt tiene como labor y necesidad social la prevención, siendo uno de los motivadores más poderosos para la investigación objetiva en la psicoterapia y la psicología.

Es una investigación y un esfuerzo dirigidos a obtener una visión lo más completa posible del universo y de la vida, produciendo una ampliación del horizonte intelectual. Asimismo, constituye un entrenamiento y una educación en nuestra facultad de pensar, conservando su base en el pensamiento reflexivo.

En la actualidad, la filosofía Gestalt postula lo siguiente:

- Enseña a vivir, acomodándose a las necesidades de la vida y a ser plenos con lo que se tiene cada día.
- Promueve cambiar las quejas ante la vida por una conciencia que conduzca al aprecio o al cambio en nuestras acciones.
- Reconoce que los problemas son parte inherente de la vida, pero enfrentarlos ayuda a transformarlos en soluciones.
- Afirma que, al igual que la felicidad es un instante, la vida también es breve. Por ello, las acciones no deben quedar en intentos, sino concretarse en hechos.
- Establece que no se puede vivir en el error, pero sí aprender de la equivocación.
- Propone una «asepsia mental» para no dejar pasar la vida, sino vivirla plenamente.

- Defiende la fidelidad a uno mismo para comprender lo que se busca y se necesita hacer.
- Plantea adquirir el conocimiento que dejan las equivocaciones, sin permanecer en el pasado, para modificar el presente.
- Sostiene que cada persona tiene la capacidad exclusiva de tomar decisiones y dirigir su vida.
- Invita a superar la quietud mediante la inquietud de crear aquello que uno espera.
- Cree que cambiar una actitud puede transformar la historia de una persona.
- Por último, concluye que el objetivo de la vida no es nada más vivir, sino vivir con sentido y significado.

Estas son algunas de las premisas que la Gestalt promueve y están en constante reestructuración, ya que, como sus seguidores más fieles han expresado, se trata de una filosofía de vida que implica continuos cambios y modificaciones. Tal como señala George Bernard Shaw, esta filosofía busca encontrar una ruta que permita a las personas ser mejores y crear un mundo en el cual establezcan relaciones sanas y productivas consigo mismas y con su grupo social.

V
Evaluación psicoeducativa

Hablar de evaluación psicoeducativa implica abordar el proceso de enseñanza-aprendizaje, en el cual toda experiencia educativa conlleva ajustes mentales, tanto para quien imparte como para quien recibe el conocimiento. De este modo, ambos construyen la instrucción de manera constante.

La mentalidad humana ha evolucionado, en especial en las aulas, que son espacios dedicados a generar mejores comprensiones sobre lo que se pretende transmitir. Los cambios han pasado de una función robotizada, basada en memorizar por memorizar, a una que promueve aprendizajes con sentido y valor funcional para los estudiantes.

Se han modificado las maneras de enseñar y evaluar, considerando esta última como la parte más importante del proceso educativo. La evaluación permite saber si se han alcanzado los objetivos planteados desde el inicio y funciona como guía para corregir o mejorar.

La evaluación tiene dos funciones principales: la pedagógica y la social.

- *Pedagógica*: está relacionada directamente con la comprensión, regulación y mejora del proceso de enseñanza-aprendizaje.
- *Social*: se refiere a los usos de la evaluación más allá del ámbito educativo, incluyendo selección, promoción, acreditación y certificación, además de evaluar el desempeño obtenido.

Aunque la evaluación ha evolucionado, el modelo tradicional sigue presente en muchos contextos. Recordemos en qué consiste:

- Parte de una concepción del aprendizaje asociacionista en la que se enfatiza el aprendizaje memorístico descontextualizado de hechos, datos y conceptos.
- Focalizarse en lo observable, dejando de lado los procesos de razonamiento.
- Priorizar una evaluación cuantitativa y sumativa-acreditativa.
- Evaluar nada más el aprendizaje de los alumnos, sin considerar la enseñanza.
- Utilizar la mayoría de las veces (si no todas) un enfoque autoritario y unidireccional por parte del docente.
- Generar desmotivación en los alumnos frente a las tareas de evaluación, lo que puede provocar niveles inadecuados de ansiedad y afectar su autoestima.
- Reforzar solo el aprendizaje memorístico, limitando el desarrollo cognitivo.

Ahora, el interés del profesor al evaluar los aprendizajes reside en el grado en que los alumnos han construido interpretaciones significativas y valiosas de los contenidos revisados, a las cuales les hayan dado un valor funcional, siendo importante plantear y seleccionar de forma estratégica las tareas o instrumentos de evaluación pertinentes que hagan emerger ese significado de lo aprendido.

La actividad evaluativa le permite al docente realizar observaciones continuas sobre la situación didáctica en un doble sentido: «hacia atrás» y «hacia delante». La primera significa valorar la eficacia lograda en el arreglo y puesta en marcha de los recursos pedagógicos utilizados. La segunda replantea las prácticas didácticas, cuando sea el caso, para proporcionar el andamiaje oportuno en aquello que aún no haya quedado sólido en conocimiento y comprensión.

Cada dominio de conocimiento tiene sus propias actividades de creación y aplicación. Por ello, es necesario identificar una serie de habilidades complejas, estrategias, modos de razonamiento y de discurso, dependiendo del área impartida, así como promover la autoevaluación para que los estudiantes aprendan a ver su propio proceso educativo y el resultado de este.

Un elemento esencial en el proceso de enseñanza-aprendizaje es la coherencia. Este principio debe estar presente en las técnicas de evaluación, que se clasifican en tres tipos principales: *informales*, *semiformales* y *formales*.

- Las *técnicas informales* se emplean en períodos breves de enseñanza. Consisten en observar las actividades realizadas por los alumnos y explorar sus conocimientos a través de preguntas formuladas durante la clase.
- Por otro lado, las *técnicas semiformales* requieren más tiempo para su preparación y valoración. Exigen respuestas más elaboradas por parte de los estudiantes, lo que justifica la asignación de calificaciones. Entre estas actividades se encuentran los trabajos realizados en clase, las tareas asignadas para realizar fuera de clase y la evaluación de portafolios.
- Finalmente, las *técnicas formales* exigen un proceso de planeación y elaboración más sofisticados y suelen aplicarse en situaciones que demandan un mayor grado de control. Este tipo de técnicas se utiliza de manera periódica o al finalizar un ciclo completo de enseñanza y aprendizaje. Dentro de ellas encontramos las pruebas o exámenes, los mapas conceptuales y la evaluación del desempeño.

Respecto a las clases de evaluación, estas se dividen en diagnóstica, formativa y sumativa. La primera es aquella que se realiza anterior al desarrollo de un proceso educativo, o también llamada evaluación predictiva. Esta puede ser inicial y puntual. La evaluación inicial es la que se realiza antes de algún proceso o ciclo educativo amplio. Esta evaluación permite realizar una primera interpretación, que permita identificar el grado de adecuación de las capacidades cognitivas generales y específicas de los estudiantes, en relación con el programa pedagógico al que se van a incorporar.

La evaluación diagnóstica puntual es aquella que se realiza en distintos momentos antes de iniciar una secuencia o segmento de enseñanza perteneciente a un determinado curso. Así, se puede identificar y utilizar de forma continua los conocimientos previos de los alumnos cuando sea necesario.

Se proponen seis pasos para realizar una evaluación diagnóstica formal:

1. Identificar y decidir los contenidos principales para un ciclo o unidad temática.
2. Determinar los conocimientos previos necesarios para abordar y construir los contenidos principales propuestos.
3. Seleccionar y diseñar un instrumento de diagnóstico adecuado.
4. Aplicar el instrumento.
5. Analizar y valorar los resultados.
6. Tomar decisiones pedagógicas para ajustar y adaptar la programación, actividades, estrategias y materiales didácticos.

La evaluación formativa es parte de la reestructuración que ha tenido la evaluación tradicional, en la que se regula el proceso de enseñanza-aprendizaje para adaptar o ajustar las condiciones pedagógicas. Su interés radica en cómo está ocurriendo el progreso de la construcción de las representaciones logradas por los alumnos. Por ello, se han creado tres modalidades de este tipo: la *regulación interactiva*, la *retroactiva* y la *proactiva*.

1. La *evaluación interactiva* ocurre de forma completamente integrada con el proceso instruccional.
2. La *evaluación retroactiva* pretende constituir una nueva oportunidad de actividades de refuerzo para ayudar a solventar las dificultades encontradas.
3. La *evaluación proactiva* está dirigida a prever actividades futuras de instrucción para los alumnos, con el fin de lograr la consolidación o profundización de los aprendizajes, o bien para ofrecerles la oportunidad de superar en el futuro los obstáculos que no pudieron resolverse en el momento anterior a la instrucción.

Dentro de esta evaluación formativa, pueden realizarse tres tipos de evaluaciones complementarias a la evolución del docente: la autoevaluación, la coevaluación y la evaluación mutua, es decir, que el alumno se evalúe a sí mismo, que la evaluación sea en conjunción con el docente o que se realice un intercambio evaluativo entre grupos de alumnos sobre las producciones de otros.

La evaluación ya no es la simple comparación del trabajo del alumno con una norma previa, sino un esfuerzo de comunicación intersubjetiva, en el que el maestro y el estudiante procuran analizar las representaciones de la otra parte y comprenderlas para hacerlas converger.

La evaluación sumativa, también denominada evaluación final, es aquella que se realiza al término de un proceso instruccional o ciclo educativo. Su objetivo es verificar el grado en que las intenciones educativas han sido alcanzadas, estableciendo un balance general de los resultados obtenidos al finalizar un proceso de enseñanza-aprendizaje.

En cuanto a la evaluación de contenidos, esta se realiza de acuerdo con los contenidos curriculares: los *declarativos*, los *procedimentales* y los *actitudinales*.

1. Los *contenidos declarativos* contienen datos y hechos; en general, su valoración es cualitativa.
2. En cuanto a los *procedimentales*, se pone atención en valorar el esfuerzo, el grado de interés mostrado y el cuidado en la ejecución, lo cual se evidencia en el período de aprendizaje.
3. El *componente actitudinal* es más complejo de evaluar, ya que se refiere a actitudes y valores. No obstante, es conveniente considerar una evaluación integral que tenga en cuenta el tiempo, el lugar, las circunstancias y el lenguaje, entre otros factores.

Así, podemos entender que la evaluación tradicional nada más responde a la pregunta: «¿Conoces esto?», mientras que la evaluación del desempeño responde a: «¿Qué tan bien puedes usar lo que conoces?». Las nuevas tendencias de la evaluación se originan en la teoría cognitiva, la cual sostiene que el aprendizaje no es lineal y no se adquiere mediante un ensamblaje de piezas de aprendizaje simple, sino que se consideran estándares de desempeño para medir los objetivos alcanzados, tal como se propusieron en un principio.

De acuerdo con todo lo mencionado en este reporte, la finalidad de la evaluación es proporcionar una retroalimentación significativa para mejorar el aprendizaje del alumno, las prácticas de enseñanza y las opciones educativas. En este sentido, hemos evolucionado de una visión conductista a una cognitiva, es decir, donde la importancia del aprendizaje radica en la comprensión, y donde el aprendiz construye su propio conocimiento y desarrolla sus propios nexos para aplicarlos en la vida real.

Aprender de forma adecuada es tan difícil como saber vivir en forma saludable. En general, hacemos las cosas sin tener nociones claras del porqué o para qué. Quizá nos hemos acostumbrado a no preguntar y a convertirnos en una cultura de las «manos estiradas», del mínimo esfuerzo, buscando solo el beneficio inmediato. Cuando logramos una ventaja de manera inmediata, el problema es que nos quedamos sin dar la calidad necesaria y sin vivir esa propia calidad que originaría un beneficio permanente. Por algo hemos escuchado que «lo que bien se aprende, jamás se olvida».

De seguro, los cambios en la docencia seguirán siendo lentos y no tan rápidos como los avances tecnológicos, ya que aquellos son sistemas cerrados, y quienes ejercemos la docencia somos sistemas abiertos, sujetos al libre albedrío. Sin embargo, el propagar nociones como las vistas en este curso probablemente cultive en pocos la conciencia de lograr beneficios permanentes. Y si se propagan los vicios de unos a otros, ¿por qué no propagar los beneficios de pocos a pocos?

VI
Ecología en la filosofía Gestalt

En la actualidad, la tecnología avanza y se renueva día a día, como consecuencia de la evolución del pensamiento humano. Este progreso origina mutaciones intelectuales ligadas a los cambios sociales, afectando todos los dominios filosóficos.

El pensamiento filosófico ha sufrido grandes transformaciones desde sus inicios: primero, en la Antigüedad grecolatina; luego, en la Edad Media judeocristiana; y, después, en la transición de la Edad Media a la Modernidad. Hoy, la filosofía enfrenta un nuevo proceso de transformación que le exige deconstruirse y reconstruirse sobre nuevas bases. Este proceso implica la transición del paradigma tecnológico al ecológico.

Si consideramos que la filosofía Gestalt adopta este paradigma ecológico es porque, si la filosofía en general ha sido siempre una interrogación sobre «el destino del ser humano en el mundo», resulta pertinente recordar que la ecología es el estudio del entorno que rodea al ser humano, es decir, «su mundo».

La crisis ecológica global, como fenómeno histórico, resalta la importancia de preservar el único lugar habitable para los seres humanos. La teoría darwiniana de la evolución de las especies dio lugar a diversas ramas de la biología. Este enfoque evolucionista rompe las divisiones entre naturaleza y cultura, entre materia inerte y espíritu racional. La vida se convierte en el vínculo que une ambos mundos: la historia de la humanidad se naturaliza, mientras que la naturaleza se historifica.

La filosofía Gestalt busca mostrar que la filosofía está al alcance de todos, concebida como una ciencia de la vida. La palabra «vida» implica naturaleza y ambiente. En consecuencia, la ecología es una parte esencial de nuestra existencia y está en nuestras manos preservarla.

Por ello, ya no se trata de optar entre una filosofía monista y mecanicista, que históricamente ha reducido las formas reales a relaciones deterministas entre objetos inertes, o una filosofía dualista y teleológica, que exalta al ser humano como sujeto libre y autodeterminado, situado por encima de los seres naturales. Se trata, más bien, de concebir la naturaleza como un proceso evolutivo, que adopta nuevas configuraciones según el estilo de vida que llevemos. Es tiempo de pensarnos como una sola sociedad humana, extendida por todo el planeta.

Karl Marx planteaba: «La historia de la naturaleza y la sociedad es una sola historia» (materialismo histórico). El ser humano moderno creyó poder separarse de su condición natural, intentando dominar el mundo mediante la creación de una «religión tecnológica». Incluso la economía actual tiende a considerar la naturaleza como una fuente inagotable de recursos, olvidando las consecuencias de esta explotación inconsciente del medioambiente.

En este contexto, la filosofía demuestra otra vez su utilidad al adoptar una postura autocrítica, influenciada por los movimientos sociales de los años sesenta y setenta del siglo XX (pacifismo, feminismo, ecologismo, entre otros). Estos movimientos han impulsado el paradigma ecológico, que ahora adquiere un carácter cultural.

Una «democracia cognitiva», que promueve la cultura científica a través de la educación, y la filosofía Gestalt se unen por la importancia de retomar la conciencia hacia nuestro medio, sin olvidar el sentido de responsabilidad cívica para renovar nuestra comunidad. Todo grupo social parte de la educación de los nuevos miembros y combate la concepción de que la naturaleza es algo ajeno y hostil a nosotros, que ha de ser dominado y trascendido. Debemos modificar esa concepción por una solidaria que nos haga ver que «todos» compartimos un destino común: el planeta Tierra es la única morada disponible para los seres humanos.

Por último, desde una perspectiva filosófica, se puede sugerir un principio de precaución respecto al uso del medioambiente. Esto implica una actitud de cautela en las acciones éticas y políticas, y en las experimentaciones e innovaciones tecnocientíficas. Aunque este planteamiento podría cuestionar la rígida dicotomía kantiana —que separa los juicios técnicos medios (mundo) de los juicios morales (ser humano)—, un nuevo paradigma ecológico propone que estos aspectos no son separables. El mundo no es solo un objeto de saber y medio de poder, sino una morada viviente para los seres humanos, hacia la cual tenemos obligaciones morales.

Ya no resultan útiles estas dicotomías. Debemos recordar, en cambio, la unión entre el libre albedrío —los fines morales— y las necesidades, vinculadas a los medios instrumentales. Quizá sea necesario continuar debatiendo este tema y, ¿por qué no?, construir una «ética de la Tierra».

VII
Vivir para mejorar

7.1 Paradoja de Blass

Un anciano maestro zen y dos discípulos caminaban en silencio por un sendero. De pronto, al llegar a un riachuelo, encontraron a una hermosa muchacha que, sentada en la orilla, contemplaba de manera provocativa y sonriente a los tres caminantes que se acercaban.

No hacía falta estar ciego para notar la perturbación que la joven ejercía sobre los dos discípulos. Ambos, de inmediato, reconocieron el radiante atractivo de su cuerpo y el brillo chispeante de su mirada.

—¿Quién de los dos jóvenes me tomaría para ayudarme a cruzar el río? —preguntó ella con frescura y una seducción evidente.

Los discípulos se miraron entre sí y, acto seguido, dirigieron un gesto interrogante al maestro, quien observaba la escena en completo silencio. Este, a su vez, fijó una mirada profunda en cada uno de ellos, sin emitir palabra.

Tras un largo y tenso minuto de contradicción y duda, uno de los discípulos avanzó. Tomando en sus brazos a la muchacha, cruzó el río entre caricias y sonrisas delicadas. Al llegar a la otra orilla, intercambiaron un cálido beso y se despidieron con miradas ardientes. De inmediato, el joven dio media vuelta y, con una sonrisa, se reintegró al grupo, que reanudó su marcha por la senda.

El rostro del discípulo que permaneció junto al maestro mostraba turbación. Su mirada interrogativa se posaba, una y otra vez, sobre el anciano, que mantenía su compostura, impasible y silencioso.

Pasaron las horas mientras avanzaban entre montañas y valles. Sin embargo, la mente y el corazón del discípulo que no cruzó el río seguían atrapados en el recuerdo de la bella muchacha y en el deseo que lo atormentaba. Era evidente que no podía romper su voto de silencio ni liberarse de las emociones que lo encadenaban.

Al caer la noche, sus movimientos eran erráticos. Se quemó al encender el fuego, derramó el té de su cuenco y tropezó con la raíz de un árbol, mostrando una evidente falta de atención y torpeza. Tras cada error, su mirada buscaba el rostro imperturbable y ecuánime del anciano, quien continuaba observándolo sin emitir juicios ni palabras.

De pronto, la tensión llega a ser tan atormentadora que, rompiendo un silencio de semanas, interpela al maestro, diciendo con rabia:

—¿Por qué no has reprendido a mi hermano? Él, rompiendo las reglas de la sagrada sobriedad, encendió el fuego de su erotismo con la muchacha del río. ¿Por qué no le dijiste nada? ¡No me digas que la respuesta está en mi interior, porque ya no veo ni oigo con claridad! ¡Necesito entender! ¡Dame una respuesta!

El anciano, dedicándole una mirada que combinaba rigor y benevolencia, respondió con serenidad y firmeza:

—Tu hermano tomó a la mujer en una orilla y la dejó en la otra, mientras que tú tomaste a la mujer en la orilla y *no la has dejado todavía*.

7.2 La autenticidad nos hace seres felices

En una alta montaña había un viejo monasterio habitado por monjes pertenecientes a una hermandad espiritual muy disciplinada y austera.

Aquellos «hermanos» eran grandes estudiosos de las leyes del universo y dedicaban sus horas a los cantos gregorianos, la contemplación de las rosas y las galaxias, y los debates eruditos sobre las infinitas formas de Dios.

Entre ellos vivía, junto a fogones y escobas, un joven aprendiz. Era un ser silencioso, santo y analfabeto. Joaquín, que así se llamaba, venía del mundo del circo y, entre pirueta y salto mortal, un día oyó la voz de su corazón que lo llamaba al retiro silencioso.

Joaquín dejó todo y se presentó en el monasterio, asegurando que poco podría aportar, ya que su cultura era escasa, pero rogó que se le admitiera para colaborar en cualquier menester que no requiriera conocimientos.

Se dice que, tras contemplar aquella alma sencilla que buscaba el silencio, los monjes no tardaron en aceptar su llegada, abriéndole las puertas de la comunidad.

El tiempo fue pasando y tanto las primaveras como los otoños se sucedieron, llenos de laboriosidad y sutil trascendencia. Entretanto, aquel aprendiz que servía a todos, modesto y silencioso, se sentía radiante. Tras cumplir sus humildes obligaciones, mantenía un secreto que cada día ensanchaba su corazón: por las noches, cuando todos dormían, Joaquín se levantaba y se dirigía con sigilo al santuario del monasterio.

Un día, por azar, un compañero descubrió sus escapadas nocturnas. Intrigado, habló de ello con el pontífice del monasterio. Tras algunas cavilaciones, decidieron seguir los pasos de Joaquín al caer el sol para observarlo.

Aquella noche, ambos siguieron, en silencio, al aprendiz hasta la capilla. Desde un rincón oscuro, contemplaron incrédulos cómo Joaquín, frente al altar, realizaba toda una serie de piruetas y saltos mortales de difíciles contorsiones. Luego de cada número de circo, abría los brazos y saludaba emocionado al altar, como quizá hacía en su vida anterior ante el gran público. Sin embargo, esta vez sus ofrendas estaban dirigidas a la imagen muda del templo.

Los dos observadores, impresionados, salieron de puntillas, dejándole actuar. De pronto, el pontífice comprendió que Joaquín ofrecía lo único que sabía y tenía: sus habilidades personales.

Lo que en realidad sobrecogió el corazón del pontífice fue comprobar que, tras cada saludo del joven, el rostro de mármol de la gran madre universal del altar, inexplicable y milagrosamente, sonreía.

Pensó el pontífice que aquella alma sencilla no sabía de galaxias ni de cometas, ni de latín ni de griego. Aquel humilde corazón *tan solo sabía de amor.*

Las personas somos lo que creemos ser y nuestras «etiquetas» se forman con el recuerdo de nuestras «últimas experiencias».

Cuando un conductor sufre un accidente grave, su primera reacción es no volver a conducir. Quien se cae de la bicicleta no querrá volver a pedalear. Si persiste en la deserción, quedará marcado para siempre.

Todos los «no puedo» tienen el mismo origen: un fracaso no superado, una caída tras la que no se intentó levantarse o un error que se fijó como la «última experiencia».

Nuestras expectativas en deporte, estudios, oratoria, e incluso en relaciones humanas o amorosas, están determinadas por nuestras «últimas experiencias».

La clave para ser hábil en una disciplina no radica en practicarla solo cuando todo marcha bien, sino en perseverar cuando algo sale mal.

Debemos insistir y resistir. Sabemos que, al dar más de lo que creemos poder ofrecer, recibiremos más de lo que esperamos. Nuestros resultados son superiores porque surgen tras la fatiga, no porque fueron fáciles ni gratuitos, sino porque ocupamos nuestro lugar gracias a un esfuerzo extra en el camino.

Las ideas te hacen libre o esclavo. No importa lo que se haya vivido, no importan los errores que se hayan cometido, no importan las oportunidades que se hayan dejado pasar, no importa la edad; siempre estamos a tiempo de decir «basta», para oír el llamado que tenemos de buscar la perfección, para sacudirnos el cieno y volar muy alto y muy lejos del pantano.

Éxito

Calidad de vida
Bienestar, felicidad y satisfacción de un individuo

La autenticidad nos hace seres felices
Sabemos que, si tenemos una actitud positiva, esta nos ayuda
a vivir con bienestar

VIII
La voluntad de vivir
y la búsqueda de la felicidad

La voluntad de vivir nos ayuda a sobrellevar los problemas de la vida. Sin embargo, lo que plantea la metafísica está lejos de ser una verdad absoluta. En tiempos recientes se ha descubierto que el optimismo no depende tanto del esfuerzo, sino tal vez de una predisposición genética.

> El doctor Dennis L. Murphy, investigador del Instituto de Salud Mental en los Estados Unidos, acaba de publicar [un artículo] en la revista *Science* donde explica que no es optimista el que quiere, sino el que puede [...]. Las personas optimistas tienen una falla en el gen que controla la producción de serotonina en el cerebro, uno de los neurotransmisores relacionados con los estados de ánimo. Solo el 20 % de la población mundial posee esa alteración genética. El resto, es decir, el 80 %, está condenado por la biología a la ansiedad y a los negros pensamientos [...] por falta de serotonina. ¿Es normal ser pesimista entonces? Pareciera que sí (Murphy, 2018).

Un ejemplo de esta dicotomía se encuentra en *El gran pez*, una película de Tim Burton que refleja cómo la mayoría de las personas caemos en el conformismo y sufrimos por ello. En este filme, la realidad se limita a lo que vemos, situación que ha llevado a acuñar el refrán popular: «Ver para creer». Necesitamos pruebas fehacientes de lo que nos rodea para creer, descartando lo que parece absurdo.

La trama nos cuenta la historia de un periodista estadounidense residente en París, quien descubre que su padre, con quien no ha tenido relación durante años, está agonizando. Junto a su esposa, decide regresar a verlo y cuidarlo, aunque descubre que él y su padre todavía siguen sin poder comunicarse, incluso en una situación límite como esa.

Lo irónico es que el padre, reconocido por su brillante habilidad para comunicarse y su tendencia a «maquillar» las más raras historias, una persona con esa gran capacidad para hablar, no tiene nada que decirle al hijo, quien ha elegido una profesión donde cada palabra que emplee debe estar soportada en datos verificables. Es lo opuesto a su progenitor, todo un maestro de la seducción verbal.

Sin embargo, la trama nos demuestra cómo todos tenemos parte de ese mundo que nos pertenece a cada uno y que no es necesariamente aquel que podemos palpar.

Sin lugar a dudas, la película demuestra, desde un enfoque humanista y psicológico, una lucha entre una postura idealista y una materialista: el padre prefiere la fantasía como refugio antes de dejar que el mundo real se haga presente, mientras que el hijo prioriza lo tangible y verificable, comprobando la existencia a su alrededor.

Así, los extremos nos conducen a la patología. La esencia del ser humano no se encuentra en la objetividad ni en la subjetividad absolutas, sino, por el contrario, en que las personas poseen una naturaleza dual y dicotómica, y el equilibrio entre la objetividad y la subjetividad es lo que ayuda a encontrar la esencia existencial y la realidad del ser humano

La película también invita a reflexionar sobre nuestra vida cotidiana, donde muchas veces nos encerramos en un solo mundo, condicionados por las convicciones sociales y creyendo lo que la mayoría decide. La herramienta más poderosa del ser humano es la conciencia, aunque no podamos ubicarla científicamente como lo hacemos con el cerebro o sus lóbulos. La conciencia, al igual que el pensamiento, es intangible y abstracta, y puede ser absurda cuando solo nos conformamos con el cumplimiento de deberes impuestos por el grupo social.

Por ello, la alegría no reside nada más en logros materiales o en cumplir expectativas sociales. Como muestra esta historia, la verdadera felicidad surge del significado y el valor que damos a cada momento. El padre del protagonista ilustra esta idea a través de sus relatos, destacando que lo importante no es solo alcanzar metas, sino además nutrir el espíritu.

Se nos olvida que la felicidad no es una instancia permanente, sino una sucesión de instantes.

XIX
Postulados de la filosofía existencial

- El existencialismo, como la fe, no se explica, se vive.
- La existencia precede a la esencia.
- El hombre es lo que se hace ser, lo que proyecta y realiza.
- El hombre empieza por existir, se encuentra, surge en el mundo y después se define.
- Saber es fugarse, huir fuera, más allá de uno mismo, hacia lo que no es uno mismo, y es lo que llamamos conciencia.
- Ser es ser en el mundo.
- El objeto puede ser el mismo, pero cambia de ser percibido a ser imaginado.
- La conciencia es la nada, aquella que, en medio del ser continuo, dice «A es» o «A no es».
- La imaginación es la conciencia entera en tanto que realiza su libertad.
- La emoción nos hace «acceder» al mundo no en su negación, sino en su ser emocionante.
- La conciencia es existencia antes que mero conocimiento.
- La libertad hace surgir los límites.
- El hombre está condenado a ser libre, es responsable del mundo y de sí mismo.
- Cada persona es una elección absoluta de sí a partir de un mundo de conocimiento y de técnicas que esa elección, a la vez, asume e ilumina.
- Hay tres modalidades de trascendencia: hacia sí mismo, hacia el futuro y hacia el ser.

- El otro sujeto consciente me recuerda que no soy él y que él no es yo.
- La libertad se verá confrontada con la sociedad y la historia.
- El individuo interioriza sus determinaciones sociales: interioriza infancia, familia, pasado histórico, instituciones, relaciones de producción. Después, reexterioriza todo ello en sus actos y elecciones, que lo reenvían a todo lo que ha sido interiorizado.
- Lo vivido es el terreno donde el individuo queda sumergido por sí mismo; es susceptible de comprensión, pero nunca de conocimiento.
- La existencia se encuentra en un vaivén entre lo universal histórico y el proyecto singular.

X
Filosofía Gestalt
Parte I

¿Qué es?

Es una filosofía de vida, que busca el desarrollo del ser humano, su adaptación más o menos creativa al medio y sugiere la forma que deberían tener las relaciones humanas en el mundo para ser sanas y creativas.

¿De dónde viene?

Los orígenes de la filosofía existencialista rescatan la confianza en las potencialidades del individuo, el respeto a las personas y la responsabilidad. De la fenomenología, toma el apego a lo obvio, por la experiencia inmediata y por la toma de conciencia (*insight*). Surge de religiones orientales y en especial del budismo zen. Del psicoanálisis de Freud, retoma y reformula su teoría de los mecanismos de defensa y el trabajo con los sueños. De la psicología de la Gestalt, implementa la teoría de la percepción (figura-fondo) y el psicodrama de Moreno, del que adopta la idea de dramatizar las experiencias y los sueños. Propone una integración creativa de los enfoques mencionados en los puntos anteriores, llevada a cabo por Fritz Perls.

¿A quién va dirigida?

Se dirige a todos aquellos en búsqueda de una mejora en su crecimiento personal y de promover la vida y una aceptación de la misma.

¿Qué postula?

Nos plantea que el objetivo de la vida es simplemente vivir: vivir una vida con sentido y significado.

¿Para qué sirve lo contenido?

Para mejorar el crecimiento personal y, por ende, la calidad de vida, en donde, dejando de lado los factores biológicos, la forma en que vivimos y cómo nos sentimos por nuestra situación son factores importantes para la adaptación del hombre, entendiendo como adaptación el equilibrio entre lo que la gente hace y desea hacer, acorde con su medioambiente.

¿Cuándo utilizarla?

Cada vez que se intente no caer en la costumbre de alienarnos en el trabajo, en la cotidianeidad, encerrándonos en un solo mundo, respondiendo a las convicciones sociales y pensando en lo que tenemos que creer por exigencia de los demás y porque la mayoría lo decide. El objetivo debe ser centrarnos en el aquí y ahora.

¿Cómo utilizarla?

Nuestra herramienta es la conciencia, nuestro pensamiento.

¿Por qué utilizarla?

Porque nuestra historia no solo es palpar y obtener lo material y logros sociales, sino descubrir el sentido de nuestra vida, mediante un crecimiento espiritual.

¿Cuál es la misión?

La misión de la filosofía Gestalt es dar al momento y a la situación presente la comprensión de por qué lo hacemos. El tener un sentido en la vida es lo que en verdad nos dará la ansiada felicidad, pues se nos olvida que esta son instantes y no instancias.

XI
Postulados de la filosofía Gestalt
Parte II

- Promueve comunicación intragrupal, confianza, cambios actitudinales, un liderazgo democrático y estructura de grupo.
- Parte de procesos centrales como percepción y cognición en la comprensión de la conducta.
- Afirma que uno de los principales determinantes del comportamiento del hombre es su necesidad de una concepción ordenada y coherente de sus relaciones con el mundo.
- El yo no se dedica solo a su propio engrandecimiento; necesita interesarse en quienes lo rodean, unirse con los demás y trabajar con ellos.
- No acepta la tesis que postula que una sociedad pueda basarse en individuos egocéntricos, cada uno interesado en obtener lo máximo posible con el menor esfuerzo.
- Plantea que el fin de la vida ya no es simplemente vivir, sino realizar una vida con sentido y significado.
- Habla de la existencia de una tensión entre lo que se es y lo que debe ser, debido a la gran sensibilidad del ser humano (alternativas y posibilidades).
- Concluye que la vida social nos plantea una doble exigencia, confiar en los demás y convertirnos en individuos capaces de afirmar nuestra propia realidad (como seres productivos).

- Afirma que el hombre tiende a ser bueno, coherente y comprensivo con respecto a su medio social, así como responsable de él mismo, dependiendo de si sus circunstancias se lo permiten.
- Difunde que la tendencia a modificarse o a tratar de cambiar a los demás estará determinada con amplitud por el grado de similitud entre la posición propia y la posición modal de un grupo. Cuanto más discordante sea la propia posición, mayor será la probabilidad de modificación.
- Promueve el cambio de las propias creencias sobre lo que está uno por hacer, es decir, expresa que es más fácil modificar el propio comportamiento que el ambiente.
- Dice que para llegar a una salud mental es necesario la integración social y coherencia interpersonal que inferirá un cambio.

XII
La filosofía Gestalt
como filosofía de vida

Hablar del ser humano implica una gama de temas a tratar, siendo su estudio interesante, abierto y controvertido. Con el paso del tiempo, se nos ofrecen abundantes oportunidades para examinar muchas teorías y pruebas. También se nos alienta a comparar los datos con la experiencia personal y a elaborar una perspectiva bien fundamentada y crítica sobre cómo llegamos a ser lo que somos como seres humanos y lo que podemos esperar en tiempos próximos.

Entre las necesidades del ser humano está su salud, que, como bien sabemos, puede encapsularse en dos divisiones: física y mental, ambas correlativas. En el desarrollo humano se plantea la cuestión de fraccionar su estudio; la división primordial es por períodos, en los cuales, de acuerdo con el crecimiento de la persona, variará su desarrollo físico, cognitivo, social y de la personalidad.

Si bien es cierto que el crecimiento de cada uno de nosotros variará de acuerdo con la interacción de factores biológicos y ambientales que moldearán la concepción física y mental, focalizaremos nuestra atención en el área que más aqueja nuestro estudio: la Gestalt, una teoría más y una ferviente corriente que propaga una filosofía de vida o, en términos más simples, una forma de saber vivir. Indica la totalidad de sí mismo, el encuentro de ese todo que, por ende, conforma a cada uno y nos hace particulares.

La filosofía Gestalt surge de un movimiento filosófico conocido como «existencial», pero ¿qué se propone en este tipo de pensamiento?

El existencialismo es el producto de una situación de crisis profunda. Sin las filosofías de la existencia, sería imposible comprender el convulsivo horizonte del pensamiento contemporáneo. El penetrante análisis acerca del drama existencial humano y sus graves tonos metafísicos sobre la finitud y la angustia desgarradora ante el absurdo de la muerte han dejado un rastro indeleble en el espíritu del siglo XX.

En consecuencia, la filosofía existencialista debe considerarse como parte de un movimiento general de los espíritus, que no solo está limitado al dominio estrictamente filosófico y que representa una profunda reacción contra el proceso paulatino de disolución de la persona, llevado a cabo a lo largo de los últimos cien años. El existencialismo representa el esfuerzo más colosal del hombre contemporáneo por recuperar los valores singulares de la persona frente al degradante proceso de despersonalización, iniciado de forma irreversible desde comienzos del siglo XIX.

Las dos corrientes filosóficas más importantes de comienzos del siglo XIX eran el idealismo hegeliano y el materialismo mecanicista. Ambas, a pesar de sus planteamientos del todo dispares, mantenían un único criterio en común: el materialismo mecanicista consideraba al hombre como un mero producto de las fuerzas de la materia, y todos los rasgos de su conducta podían explicarse por simples reacciones fisicoquímicas. El sujeto carecía de libre iniciativa y todas sus reacciones futuras podían determinarse mediante leyes de rigurosidad matemática.

El idealismo hegeliano, por otra parte, veía en los hombres reales y concretos solo la materia de la historia, el medio del que se servía la astucia de la razón universal para alcanzar sus objetivos. Si en el materialismo mecanicista el hombre se disolvía ante la realidad material, en el idealismo hegeliano quedaba aniquilado ante el espíritu absoluto.

Así, el hombre concreto, en su singularidad y sus cualidades personales, quedaba por completo fuera del horizonte de la reflexión filosófica. Por este camino se llegó poco a poco a la total pérdida del hombre, a la negación completa de su singular interioridad, de sus anhelos y angustias específicas, de sus tareas y proyectos existenciales particulares.

Toda esta evolución, en la que se aunaban razones filosóficas, políticas y económicas, amenazaba con la ruina definitiva del hombre concreto, sujeto creador y autor responsable de su devenir. El existencialismo nació como una poderosa reacción frente a esta tendencia y protagonizó una apasionada protesta contra la ruina del hombre, su desindividualización y despersonalización crecientes, y el desconocimiento injusto de sus peculiaridades individuales, autonomía y responsabilidad personal.

La filosofía existencialista inició, por esta razón, un proceso de subjetivización del pensamiento. Reflexionó desde la perspectiva del actor, en lugar de hacerlo, como era habitual en la filosofía tradicional, desde el ángulo del espectador. Los filósofos anteriores al movimiento existencialista escribían de forma objetiva, expresando sus argumentos de modo frío e impersonal, no como personas concretas sumergidas en la angustia de sus situaciones humanas particulares y sus problemas específicos.

Con frecuencia, la filosofía de los existencialistas se funde con su biografía y su pensamiento, impregnándose del calor de sus emociones en el momento. La actitud distante que los filósofos del pasado acostumbraban adoptar ante su filosofía, con la finalidad intelectual de darle objetividad y universalidad, se esfuma ante los existencialistas. Sus reflexiones, por lo general, brotan de una experiencia personal vivida, en contraste con las especulaciones tradicionales del pensamiento filosófico, fruto de una consideración abiertamente académica y desapasionada.

El existencialismo tiene el mérito de haber contrarrestado la tendencia en exceso objetivista de su época, que consideraba al hombre desde fuera, como un simple elemento del mundo, y no veía en él más que una cosa entre las cosas, desprovista de intimidad, singularidad y talante particular.

Las verdades objetivas y universales de la razón abstracta no interesan a los existencialistas. Cada cual debe buscar, en todo caso, su verdad subjetiva, parcial y particular. Es necesario encontrar la verdad singular, fruto de las vivencias existenciales, no la verdad objetiva de las definiciones esenciales de la razón filosófica.

Esta, mediante la utilización de conceptos abstractos, presenta a la inteligencia un objetivo intelectual que se realiza en una multitud indefinida de sujetos. Deja escapar, pues, en todo momento, la existencia y la individualidad. Más aún, rechaza y desecha todo lo que es de naturaleza existencial con el objeto de quedarse con la esencia común.

La idea es válida cuando los acontecimientos la vuelven verdadera, de tal forma que su verdad viene a ser, de hecho, un acontecimiento corroborador, un proceso experimental que la confirma. Por lo tanto, resultan falsas aquellas ideas que no puedan verificarse mediante la experimentación. Esta perspectiva abrió los caminos del conductismo, la psicología de la Gestalt y algunas de las expectativas que el psicoanálisis desarrolló en décadas posteriores.

Uno de los precursores de la doctrina existencialista es Sören Kierkegaard (1813-1855), filósofo y teólogo danés, quien analizó en profundidad rasgos de la existencia humana como la aflicción, el temor, el amor, la culpa, el bien y el mal, la muerte, la conciencia y el espanto. La fe sincera es lo único que permite al individuo vivir conscientemente.

Esa línea del pensador protestante la prosigue Nikolai Berdiaev (1874-1948), filósofo ortodoxo ruso, fundador del llamado nuevo cristianismo. Según él, la existencia del individuo se fundamenta en la libertad, mientras que el sentido de la vida lo hace «en el nacimiento de Dios en el individuo y del individuo en Dios». El sujeto siempre debe renovarse, es decir, llegar a ser cada vez más humano.

En la filosofía y literatura españolas, Miguel de Unamuno (1864-1936) desarrolló la concepción existencialista y le atribuyó un significado especial a la idea del quijotismo. Según su planteamiento, el hombre libra una existencia concreta que comprende choques de categorías cotidianas y sublimes, de pragmatismo y lucidez espiritual.

La existencia quiere decir el ser humano; por lo tanto, el existente escapa por naturaleza al pensamiento abstracto, a las definiciones esenciales de la razón. Es, pues, impensable, irrazonable, ilógico o misterioso. No puede ser captado por la razón, sino por una experiencia personal concreta o por alguna intuición singular del sujeto protagonista de su propio proyecto existencial (filosofía Gestalt).

12.1 Algunos filósofos que intervienen en el pensamiento Gestalt

Hasta ahora, hemos visto que los filósofos existencialistas se interesan de manera fundamental por la existencia humana, considerada bajo la luz dramática del contexto político, social, filosófico y religioso del momento histórico. No obstante, el contenido del pensamiento existencialista no se agota en esta angustiosa y patética preocupación. Nada más el pensamiento de Kierkegaard podría explicarse y agotarse dentro de los límites de este dramatismo semirreligioso.

Søren Kierkegaard, sin embargo, no es un pensador existencialista en sentido estricto, sino un mero precursor del existencialismo. En todo caso, puede afirmarse que el intelectual danés funda la escuela existencialista en cuanto aporta el trasfondo, la atmósfera y las ideas de las que se nutrirán sus sucesores del siglo XX y, entre ellos, la filosofía Gestalt.

Sin embargo, Kierkegaard no puede ser considerado aún un filósofo existencialista por la simple razón de que no es filósofo (Sartre, 2001). Su obra es a la vez literaria, teológica, moral, religiosa y mística, pero no filosófica, pues toda obra filosófica requiere, para ser tal, de un método: del uso coherente y sistemático de un método de pensamiento. En su obra no se encuentra rastro alguno de método filosófico.

La filosofía existencialista propiamente dicha aparecerá cuando los filósofos, impregnados de la temática existencial aquí expuesta, encuentren un método filosófico que les sirva de guía fehaciente para sus análisis. Para ello, hubo que esperar hasta la primera década del siglo XX, cuando Edmund Husserl creó la fenomenología y dio pauta a los inicios de la Gestalt como filosofía.

Husserl no era existencialista, sino que se desenvolvía dentro de la órbita del esencialismo. Sin embargo, profesó un método muy curioso de investigación: el método fenomenológico, que, por sus propias características, se acoplaba bastante bien a los objetivos de la temática existencialista. Este método rehusaba encerrarse en presupuestos abstractos y encaminaba su esfuerzo filosófico a describir con exactitud los fenómenos tal como aparecen a la conciencia. No autorizaba, para el estudio del hecho concreto, deducción ni interpretación alguna; la filosofía debía limitarse a describir lo inmediato. Así nació la filosofía existencialista (Sartre, 2001).

En su autobiografía, Perls cuenta que estaba demasiado implicado en el psicoanálisis como para interesarse de verdad por el existencialismo, y de hecho había descuidado los contactos posibles con los filósofos de Frankfurt: Martin Buber, Max Scheler y Paul Tillich. Sin embargo, tomó más tarde de sus escritos conceptos básicos para la terapia Gestalt, en donde ya antes se había gestado la filosofía Gestalt, «tan antigua y vieja como el universo. Nada más los organismos vivos se mantienen a sí mismos, y una de sus leyes más constantes es la formación de Gestalt, enteros, en plenitud».

Así, los antecesores de la filosofía Gestalt han sostenido que el hombre empieza por existir y, tal como se concibe después de la existencia, se lanza hacia el porvenir en un proyecto que se vive, en donde toma su propia responsabilidad en cuanto a lo que es (Salama, 2004).

Sin embargo, el camino para la filosofía Gestalt no ha sido fácil. Con el paso del tiempo, ha ido tomando principios básicos de las corrientes ya descritas y, sobre todo, intenta una rehumanización, una lucha espiritual por esclarecer la problemática de la existencia humana y su diferenciación de la terapia Gestalt. Al hablar de filosofía Gestalt, debemos atender al origen de este proceso.

12.2 La filosofía Gestalt y su propia terapia

En la relación terapéutica, la Gestalt aplica lo que Buber describió como una relación «yo-tú»,0 subjetiva, donde dos personas muy distintas coexisten. Esta relación es opuesta a la del sujeto-objeto, en la que el saber y las decisiones son unilaterales.

Perls define la Gestalt como una de las tres terapias existenciales; las otras dos, según él, son la terapia de Binswanger (*Dasein*) y la logoterapia de Frankl. La influencia del existencialismo en la Gestalt puede observarse en una serie de reglas en la práctica terapéutica, algunas de las cuales expondremos a continuación y que pueden resumirse en «yo-tú» y «aquí y ahora». Sería inexacto deducir que, para los existencialistas, el hombre se halla encerrado en sí mismo. Por el contrario, como realidad inacabada y abierta, está vinculado de forma esencia e íntima con el mundo y, en especial, con los demás hombres.

Todos los existencialistas rechazan la distinción entre sujeto y objeto y minimizan la importancia del aspecto intelectual dentro del campo de la filosofía. Según ellos, no es la inteligencia la que logra el conocimiento verdadero, sino que es necesario vivir la realidad. Es la experiencia en sí del momento inmediato la que sirve para el aprendizaje. Este vivir la experiencia tiene lugar, de preferencia, mediante la angustia, por la cual el hombre se percata de su finitud y de la fragilidad de su posición en el mundo, en el cual, proyectado hacia la muerte, ha sido arrojado, según Heidegger.

De la afirmación anterior podemos extraer que, para la terapia Gestalt es imprescindible la experiencia, el vivenciar, ya que, de otro modo, no existirá un aprendizaje efectivo. Por lo tanto, se evita, en la medida de lo posible, hablar acerca de teorías abstractas.

Es importante, por otro lado, comentar lo que Laura Perls opina sobre este «darse cuenta» de la muerte, de la finitud de cada humano. Ella dice al respecto: «Cuanto más aguda sea esta conciencia (la de la muerte), mayor será la urgencia por producir algo nuevo, por participar en la continua e infinita creatividad de la naturaleza».

Durante su estancia en África del Sur, Perls intimó con Jan Smuts, quien era entonces primer ministro y filósofo. Smuts había tomado de los griegos el término *holismo* (*holos*: completo, total, entero) para construir un sistema filosófico donde la evolución se apoya en la realización de la totalidad del ser. La facultad para situarse en el punto cero, a partir del cual surge una experiencia nueva, constituye la diferencia creativa. Un buen ejemplo de este concepto es la gaviota que planea muy alto entre cielo y tierra, dejándose llevar por los remolinos del viento. Sin embargo, si un pez mueve la superficie del agua, la gaviota baja en picada y lo coge (Tse, 1999).

Ahora bien, el zen es una variante budista que se origina en China bajo el nombre de ch'an y que logra su mayor apogeo y relevancia en Japón con el nombre de zen. No tiene contrapartida en la India, a pesar de que allí se originó el budismo. El zen es consecuencia de las concesiones que los monjes budistas tuvieron que hacer en China para que su religión fuera admitida en el seno de la comunidad china, tan impregnada de racionalismo gracias a la influencia de Confucio.

Los chinos consideraron su creación como una escuela india de meditación o contemplación que, por estas exigencias idiomáticas, se convirtió en ch'an. Sin embargo, repetimos, se trata de un aporte genuinamente chino-japonés a la filosofía, aunque participe en la amalgama un ingrediente budista y, si damos crédito a Carrington Goodrich, los *Upanishads* (Tse, 1999). Sin el impacto del tao, el zen sería inconcebible.

En los templos zen de Japón se incluyen ejercicios que consisten en derribar imágenes de Buda, porque una de las enseñanzas de esta escuela es que nuestro logro debe superar cualquier obstáculo que se interponga, incluso el mismo Buda. Esto ocurre a pesar de que otra enseñanza señala que el humano debe volver la mirada hacia adentro de sí mismo y encontrar a Buda en su corazón.

El zen afirma que el absoluto será siempre inaccesible al pensamiento racional, algo que también reconoce la escuela Mahayana. Sin embargo, mientras esta última no incursionó nunca en lo irracional, el zen se sumerge en él con logros notables. La iluminación no llega de manera progresiva y paulatina; es producto de un momento de inspiración que el zen identifica como «alumbramiento repentino». Las escuelas zen solo pueden enseñar el camino, ya que el momento supremo en que el pensamiento descubre la luz no puede enseñarse ni aprenderse.

Para lograr esta intuición y espontaneidad, el zen busca romper el hábito del razonamiento lógico, con el fin de crear en el discípulo una actividad mental única, necesaria para la aprehensión de la verdad última. Las formas superiores del budismo, ch'an y zen, están desprovistas de todo dogmatismo. Estas corrientes ofrecen similitudes con las corrientes modernas del pensamiento libre. Según los maestros zen, atarse a una idea es un condicionamiento del espíritu, y la preferencia por una idea frente a otra encadena la mente (Tse, 1999).

El zen enseña a encontrar el Buda que está en cada uno de nosotros. Si el hombre no vive ni santifica el presente, corre el riesgo de perder además el futuro. Intentar rehacer o remodelar el mundo conlleva la incapacidad de vivir a plenitud el presente o proyectar un futuro.

No hay más mundo que aquel en el que vivimos. El modo de estar en el mundo en relación con los seres y las cosas, con su naturaleza profunda, es lo que da un sentido a la totalidad. Por otra parte, el hombre solo trasciende a través de su verdadera naturaleza. Crecemos siendo a plenitud nosotros mismos, no siendo distintos. El enfoque de la Gestalt consiste en hacer la experiencia más completa de cómo se presenta. Esta experiencia lleva en la mayor parte de los casos a diferenciar entre dos polos el sentimiento primario e indiferenciado. Aquí está la experiencia paradójica de la similitud de los opuestos, simbolizada en el pensamiento oriental por el ying y el yang y comunicada por el tao (Tse, 1999).

En resumen, podríamos decir que Perls comparte con el pensamiento oriental la preocupación por no sobreestimar la importancia del pensamiento. Los sabios orientales dicen que debemos vaciarnos para poder ser llenados; a Perls le gustaba decir que había que perder la cabeza para encontrar la cordura. Por esto Perls enfatiza la experiencia, es decir, proclama que no basta con conocer algo, es indispensable vivenciarlo, por lo que la psicoterapia Gestalt es básicamente vivencial y no explicativa y la filosofía Gestalt no es la excepción.

Tanto para el zen como para la Gestalt, la respuesta a muchos de los conflictos está en la integración, ya que el problema tiene como origen frecuente dividir nuestro campo, ya sea en paciente-terapeuta, perro de arriba-perro de abajo, o en personalidad agresiva-gentil o tristeza-alegría. Los conflictos se crean porque no existe la conciencia de que todo es lo mismo, de que no hay día sin noche, ni una despedida sin un encuentro.

Si lográramos ver nuestra realidad total, nos sería mucho más fácil comprenderla, y como dice Suzuki: contestar las preguntas que nosotros mismos fabricamos, o, en palabras de Frederick Perls: «Nadie sabe más que el propio paciente. No vayan donde se encuentra Buda. Pasad junto a donde esté. No vayan a la iglesia, no estén fuera de la iglesia. Si uno lleva su iglesia consigo, no hay dentro ni fuera».

12.3 La percepción conformada por la filosofía Gestalt

Aún en nuestra educación, por lo regular se privilegia el conocimiento analítico o discriminativo sobre el conocimiento experiencial. Esto nos lleva a dividir la realidad en múltiples partes, diseccionándola y, así, destruyéndola. Creemos entonces que este cadáver de la realidad, mutilado por nuestro intelecto y sentidos, es su verdadero conocimiento. Sin embargo, lo que entendemos no es la realidad misma, sino su fragmento inerte.

La manera gestáltica de comprender la realidad consiste en verla tal como es, sin analizarla ni dividirla en pedazos, captándola en su unidad y en nuestra totalidad con ella, en la condición de ser tal como es (Hugo Pratter). Por ello, la filosofía Gestalt retoma esta visión holística, englobándola en el análisis de la vida misma. Propone que el propósito de la existencia ya no es simplemente vivir, sino hacerlo con sentido y significado.

La escuela de la Gestalt se ha enfocado en el estudio de la percepción, adoptando un enfoque holístico de la experiencia humana. Este enfoque considera a los objetos, en especial a los seres vivos, como totalidades, ya que nada existe por sí solo o aislado. Esta filosofía nos proporciona herramientas eficaces para unificar pensamiento y sentimiento, promoviendo una mayor toma de conciencia y fomentando la responsabilidad individual.

El origen de la filosofía Gestalt puede explicarse a través de las siguientes influencias:

- Rescata de la filosofía existencial la confianza en las potencialidades del individuo, el respeto por las personas y la responsabilidad.
- De la fenomenología, adopta el apego a lo obvio, la experiencia inmediata y la toma de conciencia (*insight*).
- Integra elementos de religiones orientales, especialmente del budismo zen.
- Retoma y reformula, desde el psicoanálisis de Freud, la teoría de los mecanismos de defensa y el trabajo con los sueños.
- De la psicología de la Gestalt, usa la teoría de la percepción figura-fondo.
- Del psicodrama de Moreno, incorpora la dramatización de experiencias y sueños.
- Menciona la teoría de la coraza muscular de Reich.
- Propone una integración creativa de los enfoques mencionados, llevada a cabo por Fritz Perls.
- Destaca la importancia del darse cuenta (*awareness*), es decir, el contacto con el aquí y el ahora, reconociendo lo que uno es, siente y percibe.
- Enfatiza el presente (aquí y ahora), pues el pasado ya ocurrió y el futuro aún no existe.
- Sustituye el por qué por el cómo, centrando la atención en la estructura, lo que ocurre y lo obvio.

Estos pilares sustentan la filosofía Gestalt, destacando en especial los conceptos del aquí y ahora y el cómo. Su esencia radica en vivir el presente mientras tomamos conciencia de cómo lo hacemos. En conclusión, la Gestalt es una filosofía de vida que redefine las relaciones entre la persona y el mundo, orientándose hacia el desarrollo personal, el autoconocimiento y la prevención de aquello que podría generar enfermedad.

12.4 Estado actual de la filosofía Gestalt

Cada necesidad del ser humano ha sido detectada en relación con el avance del tiempo, desde las más básicas hasta aquellas que buscan una trascendencia espiritual. Algunos intentan aproximarse a la realidad a través de la ciencia, con una mente objetiva; otros se inclinan por la lógica y la filosofía, que no experimenta, sino que reflexiona, argumenta, razona y concluye mediante un esfuerzo mental. Una tercera aproximación es la metafórica, representada en la poesía y la religión.

Asimismo, se ha dado un lugar a la filosofía Gestalt en la actualidad, en función de lo mencionado antes, aunque lo más difundido ha sido su psicoterapia, que no está distante de los enfoques contemporáneos.

La aptitud de cada individuo orienta hacia la obtención de lo que visualiza a futuro y determina qué aproximación a la realidad utilizar. Somos, ante todo, seres en constante cambio, con transformaciones a lo largo de la vida que deben entenderse en el contexto de los acontecimientos históricos, experiencias individuales y fuerzas sociales y culturales que marcan cada época.

Por ello, la Gestalt abarca una totalidad y reafirma tres aproximaciones a la realidad: *objetiva*, *subjetiva* y *metafórica*. La realidad es:

- *Objetiva* al considerar su método de investigación como camino hacia la verdad;
- *subjetiva*, porque sitúa su indagación en la conciencia individual; y
- *metafórica*, ya que genera nuevos significados vivenciales que nos permiten trascender el plano inicial de reflexión.

Hablamos de una filosofía de vida que promueve el desarrollo humano, la adaptación creativa al medio y relaciones humanas sanas. De igual modo es un modelo de funcionamiento psicológico que incluye un sistema de diagnóstico y técnicas destinadas a mapear y corregir disfunciones, fomentando una actitud preventiva, no solo en la salud física, sino también en la educación para la salud mental.

La Gestalt, además, es un modelo de funcionamiento social que define las condiciones necesarias para que el individuo interactúe con su entorno organizacional y beneficie a quienes lo integran. Este sistema de análisis de estructuras y funciones busca la integración de una totalidad. Por último, es una filosofía de vida orientada al crecimiento personal y aplicable a múltiples facetas de la relación entre el individuo y su entorno.

No obstante, todo lo anterior se basa en la observación de las necesidades cambiantes del ser humano. Un recién nacido requiere satisfacer necesidades básicas; un niño descubre el mundo y su lugar en él; los escolares establecen normas y costumbres; los adolescentes buscan examinar y afirmar lo importante para ellos mismos; los adultos jóvenes planean su estilo de vida; las personas maduras evalúan su existencia, y los ancianos reflexionan sobre sus experiencias y logros, preguntándose si aprovecharon las oportunidades que se les presentaron.

En esencia, somos diversidad. Las necesidades básicas son lineales, pero el crecimiento y la aptitud individual generan otras necesidades que van más allá de lo biológico, fundamentadas en el espíritu y la esperanza de ser mejores. Así, se crean nuevas necesidades que dependen de la percepción de cada uno.

Para muchas personas en el mundo moderno, la calidad de vida y la felicidad son prioridades que superan la satisfacción de requerimientos biológicos. Por ello, la filosofía Gestalt se presenta como una alternativa para mejorar el crecimiento personal y, en consecuencia, la calidad de vida. En este enfoque, factores como el estilo de vida y la percepción de la propia situación son esenciales para la adaptación, entendida como el equilibrio entre lo que deseamos y hacemos en relación con nuestro medioambiente.

Sin embargo, la dificultad de poner en práctica la filosofía de vida que cada uno tiene y que hoy nos sugiere la Gestalt es eso, ponerla en práctica, pues la patología, la costumbre de alienarnos en el trabajo, en la cotidianeidad, encerrarnos en un solo mundo, respondiendo a las convicciones sociales, y creer lo que tenemos que creer por exigencia de los demás y porque la mayoría lo decide, aumenta la dificultad de —cómo dice la Gestalt— centrarnos en el aquí y ahora.

Nuestra herramienta como seres humanos es la conciencia. No podemos probar dónde ubicarla científicamente; quizá podamos dar referencia, pero no identificarla, como el cerebro o los lóbulos. Es algo abstracto, intangible, como lo es nuestro pensamiento, que puede ser absurdo cuando solo nos conformamos con el cumplimiento de deberes impuestos por el grupo social.

Sin embargo, la felicidad no la encontraremos así, pues, como muestra y expone la filosofía Gestalt, nuestra historia no solo es palpar y obtener lo material, o alcanzar logros sociales, sino descubrir que el sentido de nuestra vida no solo es material, sino un crecimiento espiritual. El momento y el sentido que les demos a las cosas es lo que en verdad nos otorgará la ansiada felicidad, ya que se nos olvida que esta son instantes y no instancias.

Así, los objetivos alcanzados hasta el momento son cambios en nuestra percepción, una reconducción en el estilo de vida, que quizá es algo más próximo al referirnos a Gestalt pues, si hay una reconducción, existe una nueva ruta a seguir, una dirección, un camino. Se trata de una filosofía que no será nada más idea, sino vida en el momento de plasmarla en la misma realidad mundana.

Ahora bien, la expresión de sentimientos, la concientización de ventajas y desventajas de situaciones y eliminar visiones túneles aprendidas desde la infancia hasta la adultez proclaman en la praxis la Gestalt. Se pretende mediante esta filosofía modificar la forma de solucionar los conflictos para enfrentarlos con los recursos con los que se cuenta, fortaleciendo la propia iniciativa y toma de decisiones, reflejando cambios internos y externos, sobre todo los que se manifiestan en el propio cuerpo.

Esta filosofía de vida, producto de una necesidad de salud mental, de mejora del vivir, de saber vivir lo que nos ha tocado, plantea organizar nuestro campo de percepción hacia necesidades bien definidas, poder identificarlas y que sirvan de referencia a la hora de armar la conducta, nuestra acción y para no deformar lo que pareciera ya deformado.

También debe evitar lo que podemos llamar una *parálisis de aptitud para vivir*, acercándonos al lado humano de la persona frente a nosotros y dejando aflorar la humanidad, incluida la del terapeuta, quien ha de volverse parte del proceso que tenga enfrente.

El terapeuta crea una relación empática con el paciente, y quizá sea experto en técnicas, pero, así como dicen Lowen y Andolfi (2000) entre muchos grandes de la psicología, estas técnicas pasan a segundo plano. Lo primero es el contacto en todo trato humano, una necesidad más, pero que implica el reconocimiento de que se está y de que se es.

¿Cómo hacerlo? Quizá depende del estilo de cada uno, de la habilidad, de la espontaneidad y creatividad. Lo importante aquí es lograr el cambio, la «cura» del paciente, pues problemas y dificultades siempre tendremos. Sin embargo, cuando hay herramientas, se pueden enfrentar las batallas de la vida y salir triunfantes, aunque haya más de una caída.

Por ello, la terapia gestáltica es muy rica y deja la piedra angular para enfatizar la dualidad humana razón-sentir, que permite entrar en el mundo de las emociones y, sobre todo, entender que las redes familiares y sociales provocarán la salud o enfermedad en cada individuo, pero no serán determinantes, sino finitas.

Freud enfatizaba que la única manera de curar los síntomas sería «hacer consciente lo inconsciente», mientras que la Gestalt enfatiza el «vivir el aquí y ahora». Aunque no son distantes en su referencia, para vivir el aquí y el ahora también hacemos un llamado a la conciencia, para que esta haga consciente la necesidad del individuo. Quizá, ese sería nuestro «inconsciente» en la Gestalt. Sin embargo, se promueve la vida y lo que esta palabra implica: su aceptación plena.

Existen muchos caminos hacia la filosofía, pero la que se enfoca en la Gestalt nos ayuda en una prevención efectiva. No obstante, la investigación sistemática es necesaria para desarrollar intervenciones efectivas. Esta filosofía parece prometedora, por lo que la prevención en la salud mental se llevará a cabo sobre la base de logros de conocimiento como los que ella nos ofrece cuando dicho conocimiento esté disponible.

Enfaticemos esto: la prevención se logrará cuando cada uno de nosotros tenga la voluntad para emplear el conocimiento con el fin de prevenir resultados indeseables. Uno de los grandes logros de la época actual es la conciencia generalizada de que se hace mucho daño al culpar o etiquetar a las personas por sus diferencias, ya sean físicas o conductuales.

Uno de los grandes desafíos es encontrar una forma para motivar tanto a los individuos como a la sociedad a que lleven a cabo acciones que incrementen la felicidad, la efectividad y el bien común de la familia humana, a que practiquemos una filosofía de vida, una Gestalt. La labor y necesidad de la filosofía Gestalt es, precisamente, la prevención y seguirá siendo uno de los motivadores más poderosos para la investigación objetiva en la psicoterapia y psicología.

Esta filosofía es un esfuerzo dirigido a obtener una visión lo más completa posible del universo y de la vida, a través de una ampliación del horizonte intelectual que tenemos. Asimismo, es un entrenamiento y educación de nuestra facultad de pensar, conservando su base en el pensamiento reflexivo.

En la actualidad, la filosofía Gestalt (Salama, 2007) postula los siguientes principios base:

- Su intención es enseñar al individuo a vivir y ser pleno en existencia, acomodándose a las necesidades y a lo que se tiene o se gana cada día.
- Cambiar las quejas ante la vida que nos ha tocado por la conciencia que nos conduzca al aprecio o modificación de nuestras acciones.
- Los problemas son parte inherente de la existencia. Sin embargo, afrontarlos ayuda a transformarlos en solución.
- Entender que, así como la felicidad es un instante, la vida también es muy corta. Por esta razón, las acciones no deben quedarse en el intento, sino llevarse a cabo.
- No se puede vivir en el error, pero sí aprender de la equivocación.
- Es fundamental la asepsia mental para no dejar que la vida transcurra sin aprovecharla.
- Ser fiel a sí mismo, para comprender lo que se está buscando y lo que se necesita hacer.
- Hay que adquirir conocimiento de las equivocaciones y no permanecer en el pasado, para, de este modo, modificar el presente.
- Convencerse de que cada individuo es el único con la capacidad para tomar decisiones y dirigir su propia vida.
- No caer en presunciones, porque nos vuelven necios y ciegos, pero sí caer en la prudencia ante las faltas y peligros presentes en la existencia.
- No escoger la quietud sino la inquietud de crear lo que se espera.
- La conciencia y la valentía son necesarias para atreverse a ser lo que en realidad se anhela.
- Convertirse en las propias potencialidades, lo cual significa crecer e implica el coraje de sumergirse en la vida.
- La persona tiene que ser una sola, no un conjunto de estructuras.

- El cambio se da cuando el individuo empieza a mostrarse tal cual es.
- Perder el miedo a vivir.
- Si cambia su actitud, cualquiera puede cambiar su historia.
- Tener conciencia no es sepultar ignorancias, sino cavar inquietudes, un saber hacer.
- Promover el cambio, porque dar más de lo mismo nunca llevará a algo nuevo.
- Romper con el exceso de racionalidad.
- Por último, la filosofía Gestalt nos plantea que el fin de la vida ya no es simplemente vivir, sino vivir una vida con sentido y significado.

Estas son algunas de las premisas, aunque siempre están en constante reestructuración. Como sus más fieles seguidores han expresado, se trata de una filosofía de vida, por ende, conlleva continuos cambios y modificaciones. Quizá, como menciona Bernard Shaw, se busca en esta filosofía encontrar la manera o la ruta a seguir para ser un poco mejores y promover la creación de un mundo en el cual el ser humano establezca relaciones sanas y productivas para sí y para su grupo social.

12.5 Estado del arte de la filosofía Gestalt

Lo que hoy en día conocemos, nos es familiar. Lo hemos vivido y, por tanto, seguimos buscando un bienestar común. En el caso de problemas de salud como la obesidad, continuamos buscando una perfección que somos capaces de alcanzar a medida que cambiamos nuestro estilo de vida e intentamos encontrar algo pragmático.

El pragmatismo se ha encontrado en las corrientes filosóficas concebidas. Parece que, implícitamente, algunos autores españoles afirman la existencia de un pragmatismo en Descartes,

Heidegger y Wittgenstein, por mencionar algunos. Por ello, una abundante literatura destaca el carácter pragmático que la filosofía debe tener o tiene en la actualidad.

John Dewey (1859-1952) presenta una postura en esencia naturalista, fundamentada en bases pragmáticas. Habla de la experiencia y atribuye lo bueno y lo malo que le acontece al hombre a la falta de una verdadera conducción inteligente de la vida, la convivencia, el conocimiento y la experiencia.

«Se pronuncia por una lucha que represente una auténtica confrontación del mundo, una conciencia de sus dificultades y una operatividad humana inteligente y responsable».

Dewey cuestiona el concepto de verdad, ya que la filosofía tradicional consideraba que esta era eterna e inmodificable. Sin embargo, habían olvidado lo más importante: no hay verdad sin ser humano, y no hay ser humano que proclame una verdad inmutable. Así, afirma que debemos modificar nuestra verdad por ser seres en constante evolución.

Además, recalca que la inteligencia es operativa, es decir, no solo ideológica. El proceso cognitivo es una función transformadora del mundo en el que vivimos. El hombre debe dejar de ser un mero espectador para convertirse en un actor permanente. La filosofía no sirve de nada si sus ideas quedan en un conjunto de palabras y reflexiones históricas.

Hoy, la filosofía se reevalúa y se ofrece como una nueva alternativa ya propuesta años atrás, pero relegada a ideas contemplativas y no transformadoras. La filosofía Gestalt retoma la inteligencia como una fuerza destinada a la transformación del mundo, interpretando, examinando y aplicando los principios obtenidos por los filósofos. Su prioridad es adecuarlos a la práctica, considerando una educación para la vida. En otras palabras, busca reconstruir y reorganizar la experiencia material para acrecentar la conciencia de lo que hemos hecho con nosotros mismos.

La filosofía Gestalt resulta un reflejo de lo ya dicho por corrientes filosóficas anteriores y también apela al ser humano, instrumento indispensable para seguir construyéndola. Es un reflejo de nosotros mismos que pugna por implicarnos en un cambio y proyectar una reforma filosófica y de renovación, evitando que quede solo en un reflejo, que es el mayor defecto de la filosofía, y logrando que sea real.

William James (1842-1910) añade que las ideas son instrumentos que nos permiten avanzar. Pone su atención en la acción que estas provocan: hacer que una idea se convierta en verdadera mediante acciones que la confirmen. Cuantas más ideas confirmemos, mayor oportunidad tendremos de descartar las falsas y repetir aquellas que nos permiten vivir mejor.

Charles Sanders Peirce argumenta que es necesario encontrar una explicación justificable acerca de cualquier hecho problemático. Para ello, acude a hipótesis desde las cuales se puedan inferir consecuencias, enlazando métodos deductivos e inductivos.

La filosofía Gestalt no se aleja del pragmatismo; por el contrario, lo retoma y propone que no se piense ni argumente solo para crear un mundo de ideas, sino que nuestros pensamientos, producto de experiencias pasadas, presentes y con entusiasmo por crear las futuras, sean una apertura hacia organizar nuestro modo de pensar para hacerlas útiles, en función de conservar, estimular y, por qué no, educarnos para la vida. Pretende eliminar las filosofías falsas. El intelecto se nos ha dado no solo para conocer y reflexionar, sino para obrar, hacerlo acción. No buscamos una filosofía de ficción, sino una filosofía Gestalt que sea verdadera, que se muestre útil y con una ruta de acción adecuada y vital.

El pragmatismo, como origen filosófico, define la realidad como la suma de cada experiencia individual a través de la experimentación práctica. Para esta filosofía, las experiencias son clave para encontrar la verdad. La realidad no es absoluta; es dinámica y cambia constantemente, ya que las circunstancias varían de persona a persona. La verdad depende del contexto social y las consecuencias del tiempo.

El pragmatismo enfatiza las responsabilidades sociales y los valores resultantes de juicios basados en experiencias, siempre evaluados según lo que conviene al grupo. Este enfoque resalta la cooperación y el desarrollo de destrezas interpersonales, en sintonía con la filosofía Gestalt, que se define como:

> Una corriente filosófica humanista y pragmática integrada por un conjunto de conceptos, ideas, valores, principios e ideales que promuevan en el ser humano, desde una perspectiva holística, el desarrollo de la conciencia del aquí y ahora para generar alternativas que favorezcan relaciones sanas, productivas y armónicas consigo mismo, con su ambiente y, con ello, obtener una adecuada calidad de vida (Salama, *et al.*, 2008).

Ahora bien, si contrastáramos el pragmatismo con la filosofía Gestalt, encontraríamos lo siguiente:

- La Gestalt busca ser una filosofía personal que enseñe a ser más productivos y a resolver problemas para vivir con significado. El pragmatismo promueve la cooperación y el desarrollo de destrezas, mientras la filosofía Gestalt busca que la persona tome conciencia para lograr cambios benéficos para sí misma y los demás.
- Para el pragmatismo, la fuente de la verdad son las experiencias humanas; para la filosofía Gestalt, son las experiencias y la conciencia de estas.
- Lo más importante para el pragmatismo es la sociedad; para la filosofía Gestalt, es la persona y luego la sociedad.
- El pragmatismo sostiene que los cambios conducen a la verdad; la filosofía Gestalt añade que los cambios se generan mediante la conciencia.
- La finalidad del pragmático es, mediante la praxis, lograr un pensamiento orientado hacia la eficiencia social; el

filósofo Gestalt pretende la mejora en la eficiencia social y una ecología cognitiva.

- Así, la importancia del pragmatismo con base en la filosofía Gestalt es que sea motivadora y generadora de cambios a nivel personal y que sea creadora de una ingeniería ambiental.

Feuerstein (1997) plantea tres preguntas fundamentales: en primer lugar, ¿es la educación cognitiva tan importante como para considerarla una condición necesaria para la adaptación? ¿Es la inteligencia tan esencial como para constituirse en un factor significativo de adaptación, dadas las condiciones actuales de la vida?

En segundo lugar, si esto es cierto y la inteligencia es una condición relevante, ¿puede ser transformada o modificada? ¿Es posible generar condiciones que enriquezcan a quienes no manifiestan comportamientos inteligentes, para que desarrollen mayor capacidad de razonamiento y operen de manera adecuada?

Por tercer y último lugar, si es posible modificar la inteligencia, ¿cuál sería la forma más favorable para hacerlo, de manera que tanto los niños como los adultos que lo necesiten puedan acceder a esa transformación, teniendo en cuenta que estos últimos enfrentan mayores dificultades para modificar y adaptar su nivel de funcionamiento?

Respecto al primer tema, durante mucho tiempo se consideró que la inteligencia era un factor secundario para la adaptación. Se atribuía mayor importancia a aspectos como los buenos sentimientos, el equilibrio emocional y la ausencia de rasgos neuróticos. En ese contexto, se valoraban más los sentimientos que la inteligencia como factores de adaptación.

Así, la inteligencia fue mal entendida, limitándose a actividades sincronizadas y automatizadas como manuales específicos o un aprendizaje principalmente basado en la imitación. El rol de la inteligencia, de la capacidad para comprender, elaborar, manifestarse o mejor aún, para inventar, para ser creativo, para generalizar, etc., era mucho menos requerido hace unos cincuenta años.

Esta inteligencia llegó a ser más necesaria a medida que el grado de contribución individual para la tarea era más importante. Estudios posteriores señalaron la creciente importancia del coeficiente intelectual en términos de adaptación (Feuerstein, 1997).

Estas afirmaciones llevaron a concluir que quienes carecían de un coeficiente intelectual elevado no eran capaces de adaptarse ni de participar de forma activa en la sociedad. Eran relegados al rol de consumidores de los productos creados por aquellos con mayores capacidades intelectuales.

Aquí surge una interrogante: ¿qué lugar ocupa la conciencia en este planteamiento? Aunque la imitación ha traído beneficios, también ha favorecido que se evite el pensamiento crítico y la reflexión sobre nuestras acciones.

Seguir una rutina basada en la imitación puede resultar cómodo, pero nos priva de la capacidad de pensar y corregir aquello que deseamos o buscamos mientras vivimos. La conciencia de lo que nos hace felices o infelices es fundamental para promover cambios permanentes en nuestra mentalidad y, por ende, en nuestro comportamiento.

¿Qué ocurriría si lleváramos la conciencia a un plano filosófico vinculado a problemas de salud? Una combinación de principios, como los de la filosofía Gestalt, que prioriza la conciencia y una vida con sentido podría aplicarse a la modificación de hábitos alimenticios para promover un estilo de vida saludable. Al alcanzar esta conciencia, se fomenta un bienestar integral y una ecología cognitiva.

Aunque la filosofía es una ciencia antigua que ha dado origen a diversas corrientes, todas comparten el objetivo de analizar, responder y proponer soluciones a inquietudes humanas. Esto motiva al ser humano a crear y mejorar constantemente. Interpretar a los individuos como seres cambiantes, adaptables y moldeables es un enfoque coherente con la filosofía Gestalt.

En este contexto, la teoría de la modificabilidad estructural cognitiva, planteada en sus inicios como un sistema de creencias, sostiene que los seres humanos son modificables y que su inteligencia puede incrementarse de manera significativa. Comportamientos antes considerados inaccesibles debido a un bajo coeficiente intelectual ahora pueden integrarse y estudiarse como parte del repertorio comportamental, ya que además de hacer parte del mismo como tal, se considera que los individuos pueden «aprender cómo aprender», ya que nadie les enseña a hacerlo una vez que han sido provistos con las herramientas de aprendizaje.

La modificabilidad se considera inherente al ser humano, quien puede transformarse gracias al aprendizaje mediado y la adquisición de estrategias y herramientas cognitivas. Esto le permite apropiarse de conocimientos nuevos y complejos para actuar según las circunstancias. Cuanto más aprende, más capacidad tiene para seguir aprendiendo, lo que se traduce en un factor crucial para su adaptación (Feuerstein, 1997).

Nuevas ciencias, como las neurociencias, muestran cómo el cerebro depende de las funciones que realiza y cómo el aprendizaje no solo es posible gracias al cerebro, sino que también lo modifica. Cambios antes considerados imposibles, hoy son evidentes. Sabemos que el cerebro es principal y significativamente afectado por las actividades que le son impuestas. No menos trascendentes son las actividades que el individuo está en la capacidad de realizar y que son afectadas de manera determinante por el cerebro.

Es así como, hablando de la maleabilidad del cerebro, llegamos a hablar de la modificabilidad estructural cognitiva cuando hasta hace algún tiempo nos referíamos más que todo al comportamiento del individuo. ¿Puede ser este modificado de manera estructural hoy en día? Afirmamos que transforma el comportamiento, así como la estructura misma del cerebro, la cual es modificada por los procesos de aprendizaje que impulsamos en el cerebro.

Si contrastamos lo anterior con la filosofía Gestalt, modificaríamos la conciencia, que no podemos ubicar de manera científica, pero que se concibe como una función cerebral, justo aquella que nos llevará a la verdadera regeneración de la función cognitiva.

Tanto Feuerstein (1997) como la filosofía Gestalt coinciden en evaluar la capacidad de modificabilidad de los individuos, no solo para determinar su alcance, sino también para identificar las formas más efectivas de lograrlo. Saber cómo evaluar y modificar a los individuos es esencial para diseñar metodologías que ofrezcan resultados optimistas y esperanzadores.

La segunda herramienta es el programa de enriquecimiento instrumental, donde se necesita de un mediador formado, que permita al individuo comprender lo que hace, por qué lo aprende, dónde lo va a aplicar, es decir, en dónde está la otra orilla a la cual se debe llegar. Necesitan ser guiados para que luego aprendan de esa guía, de la mediación, del proceso que se les ofrece.

El programa de enriquecimiento instrumental forma al individuo y genera en él la capacidad de beneficiarse de su propio aprendizaje, el cual es incidental; aprendizaje que se realiza al encontrar una variedad de situaciones que le enseñan y que a su vez lo modifican, ya que puede extraer las reglas y principios que aplicará en diferentes contextos.

El tercer enfoque, también relacionado con la filosofía Gestalt (Feuerstein, 1997), se basa en la idea de que el aprendizaje es más efectivo en contextos que animen al individuo a aprender, promoviendo su adaptación a nuevos escenarios. Los seres humanos están obligados a adaptarse, y esta adaptabilidad es una bendición para la sociedad y para sí mismo, pues forja un sentimiento de pertenencia y de tener una buena razón para vivir en sociedad y para producir en ella.

Para culminar, la filosofía Gestalt y la teoría de la maleabilidad cognitiva coinciden en la necesidad de crear condiciones cognitivas que hagan de la educación algo significativo y útil para el individuo y su entorno social. Este enfoque es clave para la adaptación y el bienestar, así como para alcanzar la felicidad.

XIII

Modificación en el hábito alimentario del adolescente obeso mediante el empleo de un modelo psicoterapéutico anidado en el principio filosófico Gestalt

La obesidad se ha convertido en una problemática actual que aqueja a nuestra sociedad, inmersa en una cultura de la imagen donde se valora preponderantemente la belleza física, dejando de lado la totalidad que conforma al ser humano. Esta tendencia hacia la búsqueda de la apariencia ideal y la aceptación de los demás se acentúa durante la adolescencia, etapa de grandes cambios que influirán en la adecuada o inadecuada adaptación a la vida.

Dentro de esta problemática encontramos factores genéticos, socioeconómicos y psicológicos que interactúan en el incremento o disminución de este problema de salud. Además, la obesidad se ha convertido en la segunda causa principal de muerte evitable, agravándose en la edad adulta. En la actualidad, la obesidad afecta a niños y adolescentes, siendo un tema que requiere mayor atención debido a sus múltiples consecuencias en la salud.

La propuesta presentada ofrece una alternativa al brindar como herramienta un modelo psicoterapéutico anidado en el principio filosófico Gestalt, dirigido a aquellos interesados en reducir su obesidad mediante un cambio y, por qué no, una asepsia mental. Este enfoque busca llevar al paciente a un proceso de «darse cuenta» de las decisiones equivocadas relacionadas con sus hábitos alimenticios, para luego ayudarlos a modificarlos, lo que les traerá beneficios tangibles y visibles.

Investigaciones como las de Díaz (2007) han identificado un alto riesgo de desarrollar sobrepeso y obesidad en la población latina, aunque existe un gran interés en la reducción de peso. A pesar de esta intención, la influencia social y la confusión para elegir una adecuada educación nutricional tienen una influencia negativa. Según Flegal (2002), el 73,4 % de los latinos presenta sobrepeso y el 34,4 % son víctimas de la obesidad.

¿Qué sucede con los jóvenes que no cumplen con el perfil que exige la sociedad en cuanto a la obesidad? El sobrepeso se convierte también en un problema emocional, reflejando una necesidad cultural, social y estética de ser aceptado por el grupo y la sociedad actual. Esta se olvida de las habilidades, conocimientos y cualidades que el ser humano tiene y puede desempeñar sin importar su apariencia física, con lo que modela una sociedad donde solo se acepta lo más próximo a lo perfecto, aunque sea lo más anormal en la familia humana.

En la actualidad, se le otorga gran importancia a la imagen física reducida a un ideal estético. La belleza se ha convertido en un factor decisivo que rechaza lo «feo» y privilegia lo «bonito». Este fenómeno ha dado lugar a un sinnúmero de métodos para lograr el físico que se considera ideal según los patrones sociales, como dietas, cirugías y sustancias reductoras, pero pocos incluyen un enfoque filosófico.

Se estima un número excesivo de muertes asociadas con diferentes grados de obesidad. Factores biológicos y sociales contribuyen a esta problemática, que sigue siendo multifactorial. Afecta en especial a la juventud actual, considerada la generación más inactiva de la historia, debido a la reducción de programas de educación física y la falta de instalaciones recreativas en las comunidades.

Muchos efectos de salud adversos asociados al exceso de peso se observan en niños y adolescentes. El exceso de peso durante la niñez y la adolescencia se asocia con un aumento en la morbilidad y mortalidad. Según Peláez (2003), los trastornos alimenticios, no solo la obesidad, sino aquellos como la anorexia y la bulimia, aparecen en edades cada vez más tempranas y son considerados «epidémicos» en sociedades avanzadas, lo cual no está muy lejos de suceder en nuestro país, México, sin necesidad de pertenecer al primer mundo. De hecho, la epidemia ha comenzado.

Muchos padres están preocupados por el peso de sus hijos y sus efectos en la salud y el desarrollo social, buscando opciones de prevención y tratamiento. Sin embargo, el estado de la ciencia es mucho menos exacto de lo que quisiéramos. Preguntas como «¿están los jóvenes preocupados por su peso?», «¿cuáles son las mejores estrategias de prevención?» y «¿qué tratamientos funcionan a largo plazo?» siguen en análisis.

El Instituto Nacional de Salud Pública (1999) trabaja en la búsqueda de respuestas y nuevas alternativas. En muchos casos, el sentido común funciona bien. La obesidad en niños y adolescentes es un tema serio con muchas consecuencias de salud y sociales que continúan, a menudo, en la edad adulta. Implementar programas de prevención y lograr una mejor comprensión del tratamiento para los jóvenes es importante para controlar la epidemia de la obesidad. Un modelo psicoterapéutico anidado en el principio filosófico Gestalt puede ser una alternativa.

No obstante, la dieta y la actividad física tienen un papel esencial para explicar los factores que intervienen en la mortalidad consecuente con la obesidad (Centers for Disease Control and Prevention: *Decline in deaths from heart disease*). La obesidad, una epidemia del siglo XXI, está afectando a más de mil millones de personas en el mundo y es un problema que sigue aumentando, abarcando edades cada vez más tempranas. Datos de la International Obesity Task Force indican que veintidós millones de niños menores de cinco años son obesos o tienen sobrepeso (*Childhood obesity: a pandemic*).

El énfasis en la estética en nuestra época produce cambios en nuestra mentalidad, impulsando la búsqueda de aprobación colectiva y personal al tratar de asemejarse a los estereotipos sociales. No coincidir con esas expectativas provoca una baja aceptación de la propia persona, que la lleva a recurrir a cualquier tipo de tratamiento o, en el peor de los casos, a generar un aislamiento y trances emocionales que se irán descubriendo en el transcurso de la presente investigación.

El planteamiento anterior conduce a la necesidad de brindar a esta población una atención integral que comprenda los componentes que se encuentran en el actuar del joven obeso, buscando orientación, explicación y justificación de su percepción y comportamiento en la aplicación del principio filosófico Gestalt.

Tal vez lo más importante e innovador que ha surgido en psicoterapia durante esta década sea la concienciación del problema a tratar por parte de los pacientes, quienes muchas veces no se percatan del mismo ni de sus consecuencias, lo que los lleva a repetir cada día los hábitos negativos. ¿Cómo considerarlo un conflicto cuando no está registrado en la conciencia como un trastorno, y en consecuencia menos se podrán visualizar sus soluciones (filosofía Gestalt)?

Aproximadamente el 30 % de los niños en los Estados Unidos tienen sobrepeso y obesidad. Este incremento sigue siendo multifactorial, aunque ahora se ha analizado otro factor con mayor influencia que es el cambio en el estilo de vida, que afecta a la generación joven por la cantidad de tiempo que los menores dedican a ver televisión o jugar videojuegos.

La obesidad es un problema de salud física y mental con consecuencias múltiples. Aquellos pacientes obesos que soliciten apoyo psicológico requieren seguimiento de manera individual y participación en talleres aplicados a la problemática, para que sean capaces de adquirir la responsabilidad de cuidarse a sí mismos, desarrollar sus potencialidades y modificar el hábito alimenticio, lo que los ayudará a descubrir las alternativas para su futuro.

Ahora, comencemos por analizar la autoestima. Si bien es cierto que el aprecio que sentimos por nosotros mismos repercute en nuestros procesos de pensamiento, emociones, deseos, metas y cómo interpretamos lo que sucede a nuestro alrededor, algunas veces, se utiliza autoestima como sinónimo de autoimagen, es decir, el cómo te ves a ti mismo, cómo te evalúas y te sientes con tu persona.

Para nuestro trabajo definimos autoestima como un conjunto de sentimientos acerca del mayor o menor valor de la propia persona. La autoestima elevada aporta un equilibrio personal, mientras que la escasa provoca vulnerabilidad emocional. Entonces, una autoestima alta será el sentirse apto para la vida, capaz y valioso. En cambio, si es lo contrario, habrá una incapacidad para enfrentar la existencia. Ahora, la valoración personal puede estar en un término medio entre los dos puntos anteriores. Lo saludable es que nuestra autoestima no esté en conflicto ni con nosotros mismos ni con los demás.

Asimismo, existen ciertos aspectos de la autoestima que tienen como base la comparación con otras personas, por ejemplo, la noción de ser más o menos alto o gordo que alguien. No son características absolutas, sino que se definen por la comparación con uno mismo (Gross, 1994, p. 513).

Esta concepción es tan importante que afecta la manera de ver el mundo. Sin embargo, nadie puede dar aquello que aún no ha llegado a tener. De este modo inferiríamos que para poder estar a gusto en el ambiente, primero hay que estar satisfecho con el propio cuerpo, cosa que de ordinario no ocurre en aquellos que padecen de exceso de peso. Si a esto le agregamos estar viviendo una etapa personal difícil, como la adolescencia, en una sociedad donde la belleza es sinónimo de delgadez extrema, la obesidad se vuelve un conflicto insoportable.

Para Susan Harter (1993) una causa de autoestima insuficiente es que la imagen que se obtenga en el espejo no sea la deseada; es más, en la adolescencia, la apariencia se torna un asunto primordial (Buendía, 1996, p. 228). Aunque en algunos casos de pacientes adultos, el tema de la obesidad no es tan crítico, en la adolescencia suele ser terrible, pues se convierte en el primer aspecto para atraer al sexo opuesto.

Hasta este punto hemos visto una relación bastante lógica entre obesidad y baja autoestima. Un estudio hecho en Estados Unidos con personas que padecían sobrepeso en la pubertad, arrojó resultados en los que se demuestra que la obesidad crea problemas de autoestima en áreas como la laboral, por sentirse menos aptos para desarrollar algún trabajo. Llama la atención el hecho de que afecta más a las chicas que a los varones.

La depresión está vinculada a la obesidad. Sin embargo, la relación entre obesidad y suicidio ha sido poco estudiada, aunque siempre debemos centrarnos en el análisis de la historia familiar del paciente. La apariencia física se convierte en un factor tan poderoso que determina de forma radical nuestra manera de ser, en gran medida porque en nuestra sociedad se le da mucha valoración a la imagen que mostremos a los demás y porque el ser diferentes a la gran mayoría nos deja en una posición vulnerable a las críticas o rechazos por parte de los que pertenecen a la generalidad.

13.1 Perspectiva paradigmática

Como es bien sabido, la adolescencia es una época de grandes e importantes cambios, tanto físicos como psicológicos, que marcan de manera única, imborrable y trascendente nuestras vidas. Es justo en esta etapa, al dejar de ser niños para entrar en la adolescencia, cuando nos enfrentamos a nuevas experiencias que, muchas veces, conducen a la depresión, el estrés o la ansiedad.

Freud afirmaba que la ausencia de amor y apoyo por parte de una figura significativa (por lo general, uno de los padres) a lo largo de una etapa del desarrollo podía provocar depresión en el individuo. Según su perspectiva, estas personas tienden a hacerse autorreproches y a perder la estima. Las teorías psicoanalíticas observan que una persona depresiva muestra una excesiva dependencia oral, es decir, necesita recibir apoyo y aprobación externa para fortalecer su confianza y equilibrio emocional.

El aspecto físico y emocional de una persona depresiva suele delatar su estado: un rostro triste, una actitud insatisfecha o decaída. En algunos casos, el desarrollo de la depresión va acompañado de un aumento del apetito; esto ocurre, en general, en personas con grados leves o moderados. Las teorías psicoanalíticas consideran que la persona depresiva muestra una excesiva dependencia oral, es decir, que la requiere para fortalecer en él la confianza y el equilibrio emocional.

La ansiedad, por su parte, se origina cuando una persona se siente a disgusto consigo misma. En términos generales, es un estado psicológico que surge de un conflicto interno. Las personas ansiosas suelen experimentar miedo, inseguridad y dificultades para adaptarse a la vida cotidiana. Este estado con frecuencia se asocia con trastornos del estado de ánimo, como la depresión.

El estrés, por otro lado, se define como un estado de sobreactivación del organismo, una alteración del equilibrio ante situaciones percibidas como excesivas o amenazantes, que a menudo ocurren en condiciones de escaso apoyo social.

En la actualidad, se ha llegado a considerar el cuerpo como una «llave maestra» para abrir casi cualquier círculo social. Sin embargo, no todos poseen esa «llave» y su ausencia puede generar ansiedad en los adolescentes. Además, la ansiedad no suele ser un síntoma aislado en el adolescente obeso, ya que con frecuencia está acompañada de depresión y estrés psicosocial.

Bruch destaca que la sintomatología psicológica encontrada en personas obesas —como ansiedad, depresión, baja autoestima, entre otros aspectos mencionados— es consecuencia, y no causa, de su condición. No se ha identificado en las personas obesas un perfil anormal de personalidad; es decir, no presentan más trastornos que quienes tienen un peso normal. Según este autor: «La obesidad es una condición estigmatizada que incluso llega a la discriminación en los puestos de trabajo. Esta visión negativa que se tiene del obeso acaba siendo interiorizada por él mismo, sintiéndose culpable y responsable de todos sus defectos».

Resulta necesario abordar un tema que, aunque delicado, es muy frecuente en nuestra sociedad: el maltrato emocional del que son víctimas aquellas personas que, por su condición distinta, parecen ser el blanco de las ofensas. A veces, los actos nocivos son primero verbales, diciéndole con insistencia al niño que es odioso, feo, antipático, estúpido, o haciéndole sentir que es una carga indeseable.

Los malos tratos requieren la presencia de cuatro factores, de los cuales solo tres han sido examinados:

1. Los padres tienen una privación emocional o física;
2. el niño es considerado indigno de ser amado o desagradable;
3. o existe una crisis.

Cabe mencionar que la obesidad no siempre desencadena un maltrato hacia la persona que la padece, como si fuera una generalidad aplicable a todos los casos. Sin embargo, existe la posibilidad de que el maltrato ocurra, usándose como arma y objetivo su problema de obesidad, más que en quienes tienen un peso ideal.

El exceso de peso en el ser humano ha recibido, durante las últimas décadas, una atención impresionante por parte de la medicina, debido al preocupante incremento en las cifras de sujetos con sobrepeso, incluyendo la obesidad en todos sus grados. Por ello, se estudian sus causas y consecuencias. Para algunos adolescentes, la actividad de comer es un refugio a sus frustraciones, pero esta es solo una de las múltiples causas que pueden originar trastornos alimenticios. La obesidad es un problema de salud pública.

Se han planteado formas de medición más exactas y estrategias para combatirla, que van desde análisis genéticos hasta costumbres y formas de alimentación. Sin embargo, no hay estudios enfocados en el efecto que puede producir una filosofía sobre un hábito alimenticio, en específico en adolescentes obesos. Los medios de comunicación promueven a diario el concepto de belleza como mantenerse incluso por debajo del peso normal.

Esto provoca que las personas con obesidad se recriminen, ya que su aspecto no corresponde con la imagen idealizada por la sociedad. Por ello consideramos que la aplicación de este estudio a gran escala puede dirigirnos a un apoyo filosófico para toda persona que se encuentre con sobrepeso u obesidad.

En el caso de las jóvenes, la no aceptación de su imagen corporal puede conducirlas a diversos sentimientos como culpa, inutilidad, desesperanza y tristeza, de manera profunda. Los mismos suelen estar acompañados de síntomas como perturbación del sueño, pérdida de iniciativa, desinterés, autocastigo y, con frecuencia, trastornos en el consumo de alimentos. Estos últimos van desde la pérdida del apetito hasta el apetito desmedido, llegando a extremos como la bulimia o, en su opuesto, la obesidad.

Como señalamos, el exceso de peso en el ser humano ha recibido, durante las últimas décadas, una atención impresionante por parte de la medicina. Es preocupante el aumento en las cifras de sujetos con sobrepeso y obesidad en todos sus grados, por lo que se estudian sus causas y consecuencias. Para algunos adolescentes, comer representa un refugio frente a sus frustraciones, pero esta es solo una de las múltiples causas que pueden originar estos trastornos. La obesidad es un problema de salud pública.

Se han planteado métodos de medición más precisos y estrategias para combatir la obesidad y el sobrepeso, que incluyen estudios genéticos, costumbres y formas de alimentación. Sin embargo, existen pocas investigaciones sobre la repercusión psicológica de la obesidad, en especial en adolescentes. Los medios de comunicación proponen un ideal de belleza basado en un peso inferior al normal, lo que lleva al obeso a recriminarse por su condición. Por tanto, es necesario realizar estudios a gran escala que permitan extraer conclusiones y dirigir un apoyo filosófico a quienes padecen sobrepeso u obesidad.

Las investigaciones filosóficas en el ámbito de la Gestalt son relativamente recientes en México, así como sus intervenciones en diferentes sectores y problemas de salud, como en el caso de este proyecto, enfocado en el hábito de alimentación del adolescente obeso. Este planteamiento surge de la necesidad de mejorar la calidad de vida de cada individuo, considerando que la obesidad plantea nuevos retos para su disminución y para generar conciencia en la población propensa a desarrollar este tipo de hábitos.

En el plano psicológico, se promueven intervenciones conductuales que han generado resultados, aunque no de manera total. Por ello, el principio filosófico de la Gestalt se posiciona como una nueva alternativa para combatir la inconsciencia con la conciencia y reconducir los elementos que llevan al adolescente obeso a elegir este tipo de alimentación.

XIV
Hábito alimentario

La alimentación humana es el resultado de un prolongado proceso evolutivo. Se cree que los alimentos que más benefician al ser humano son aquellos que el sistema inmunológico reconoce, los que se transforman en energía y, sobre todo, los que resultan menos perjudiciales para el organismo.

Nuestra manera de alimentarnos ha cambiado significativamente desde los años cincuenta del siglo pasado, lo que ha llevado a la creación de guías alimentarias.

Las causas de la obesidad son múltiples y complejas. Cualquier explicación debe considerar influencias biológicas, psicológicas y socioculturales.

Entre las influencias biológicas están los factores genéticos, que también se ven afectados por el ambiente en el que la persona se desarrolla; es decir, influyen los aspectos psicosociales, por ejemplo, si un adolescente imita la conducta alimentaria de sus padres y se le refuerza para que practique ese estilo de alimentación.

Se ha señalado además que, a lo largo del tiempo, la obesidad moderada ha sido considerada símbolo de salud, lo que ha provocado una visión positiva de aquello que en realidad es un problema.

El aprendizaje social es decisivo en la obesidad, pues es un patrón adquirido mediante procesos de reforzamiento. Como mencionábamos en el ejemplo anterior, algunos autores clasifican la obesidad en dos tipos: primaria y secundaria. La primera se origina alrededor del primer año de vida, y la segunda surge entre los diez y trece años (González, 1998, p. 105). Asimismo, algunas personas aprenden a utilizar la comida para olvidar o superar estados de ánimo negativos, como el aburrimiento y la ansiedad (Wicks, 1997, p. 338).

El aumento descontrolado de peso puede también deberse a reacciones ante hechos estresantes, lo que subraya el hecho de que el obeso puede sentirse sensibilizado por su aspecto y desencadenar en él una falta de confianza.

Algunas obesidades tienen un origen psicógeno (comer como respuesta a emociones). Bruch defendió los condicionantes psicológicos de la obesidad y propuso dos tipos de *obesidad psicógena*: la *obesidad de desarrollo*, producida por problemas para diferenciar el hambre de las tensiones emocionales, y la *obesidad reactiva*, que surge como reacción a sucesos traumáticos o estresantes y cuya función es estabilizar el funcionamiento emocional y reducir la ansiedad (Belloch, 1995, p. 546).

Coincidimos con los autores citados en este capítulo y queremos enfatizar la afirmación de Rodin, quien sostiene que la infelicidad y la depresión aparecen como consecuencia de la obesidad, y no al contrario (Carlson, 1996, p. 368).

Este problema de salud física, que afecta por igual la salud mental, se presenta cada vez más en adolescentes. La obesidad, que ya no es solo común en los Estados Unidos, se ha incrementado en todo el mundo, alcanzando un 80 % en los adolescentes y trayendo consigo consecuencias psicológicas y discriminación. Esta última es impuesta por la sociedad, por nosotros mismos, cuando mostramos mayor preferencia hacia personas de apariencia delgada. Las repercusiones de la obesidad afectan aspectos como la autoestima.

La obesidad es una de las condiciones médicas más fáciles de identificar, pero más difíciles de tratar. El aumento de peso no saludable, causado por una dieta inadecuada y la falta de ejercicio, es responsable de más de trescientas mil muertes anuales. El costo social de la obesidad se estima en unos cien mil millones de dólares al año. Los niños con sobrepeso suelen convertirse en adultos con sobrepeso, a menos que adopten y mantengan patrones más saludables de alimentación y ejercicio. Se considera que una persona es obesa cuando pesa al menos un 10 % más del peso recomendado para su estatura y tipo de cuerpo.

La obesidad suele comenzar en la infancia, entre los cinco y seis años, o durante la adolescencia. Los estudios han demostrado que un niño obeso entre los diez y trece años tiene un 80 % de probabilidad de convertirse en un adulto obeso con problemas de salud (Bourges, 1981, p. 20).

Las causas de la obesidad son complejas e incluyen factores genéticos, biológicos, conductuales y culturales. Básicamente, la obesidad ocurre cuando una persona consume más calorías de las que su cuerpo quema. Si uno de los padres es obeso, existe un 50 % de probabilidad de que los hijos también lo sean. Sin embargo, si ambos padres son obesos, la probabilidad aumenta al 80 %. Aunque algunos trastornos médicos pueden causar obesidad, menos del 1 % de los casos se deben a problemas físicos.

La obesidad en niños y adolescentes puede estar relacionada con:

- hábitos alimenticios deficientes;
- comer en exceso o perder la capacidad para parar de comer (*binging*);
- falta de ejercicio (por ejemplo, niños que pasan mucho tiempo en el sofá);
- antecedentes familiares de obesidad;
- enfermedades médicas (problemas endocrinológicos o neurológicos);
- uso de medicamentos (esteroides y algunos medicamentos psiquiátricos);
- cambios en la vida que generan estrés (separaciones, divorcio, mudanzas, muertes, abuso);
- problemas familiares o con los pares;
- baja autoestima o
- depresión u otros problemas emocionales (Harper, 1999).

14.1 Inadecuado hábito alimentario y la obesidad

En general, se ha aceptado que la obesidad se acompaña de múltiples y graves consecuencias sobre la salud; sin embargo, la naturaleza de esta relación aún no está clara. Es difícil distinguir entre la obesidad que es causa de un padecimiento determinado y la que constituye un fenómeno que acompaña dicho padecimiento.

El riesgo de morbilidad y mortalidad de una gran variedad de enfermedades aumenta en la población obesa. En contra de la creencia popular e incluso de la opinión de varios representantes del personal de salud, la obesidad no es un simple problema cosmético, sino una enfermedad en sí misma, que a su vez antecede o incluso es factor etiológico de una diversidad de enfermedades crónicas (Troiano, 1996, p. 287).

14.2 Determinantes y factores de riesgo modificable

Tabla 1. *Determinantes y factores de riesgo de la obesidad y posibilidad de modificarlos*

Factores demográficos	
Edad	No
Sexo	No
Raza	No
Circunstancias socioeconómicas	Escasamente
Geografía: país de residencia, urbanización, industrialización, migración	Escasamente

Factores familiares	
Herencia: poligénica, gen(es) aislado(s) con efecto importante	No
Ambientes compartidos (herencia cultural)	Sí
Interacción entre susceptibilidad genética y exposición ambiental	Sí
Factores personales	Sí
Sobrepeso pasado o presente	Sí
Edad de inicio de la obesidad	Sí
Hábitos de alimentación	Sí
Inactividad física / estilo de vida sedentario	Sí
Características metabólicas	Sí
Tabaquismo	Sí
Factores psicológicos	
Embarazo	Sí
Enfermedades concomitantes o discapacidad discapacidad	Sí

Factores etiológicos

Entre los diversos factores que contribuyen a la etiología de la obesidad se encuentran los genéticos, los ambientales, los nutricionales y la actividad física, entre otros. Todos ellos pueden contribuir, de una u otra forma, al desequilibrio entre la ingestión energética y el gasto de energía que favorece la acumulación de grasa. Este marco conceptual simplificado suele aceptarse como cierto. Sin embargo, aún se desconocen muchos de los mecanismos por los cuales actúan estos factores (Barrer, 1988, p. 338).

Factores genéticos

Cada vez se acumula más evidencia sobre el papel de la carga genética en el desarrollo de la obesidad. Aunque es difícil diferenciar entre la herencia genética y la llamada herencia ambiental —es decir, entre las características propias de los individuos y lo aprendido—, la evidencia indica que, en algunas familias, existe susceptibilidad a la obesidad.

Un estudio realizado en los años cincuenta del siglo XX se encontró que, mientras la descendencia de una pareja con peso adecuado tiene entre el 7 % y el 14 % de probabilidades de padecer obesidad, esta cifra aumenta al 40 % y al 80 %, cuando uno o ambos progenitores son obesos, respectivamente. No obstante, se ha observado la misma tendencia del peso corporal tanto en hijos biológicos como en hijos adoptivos de personas obesas.

Coplamar (2000), al realizar una revisión detallada de trabajos publicados a lo largo de veintitrés años (1966-1989) sobre la diferenciación entre herencia genética y herencia social de la obesidad, concluyó que conocer el efecto hereditario de este padecimiento ayuda a orientar medidas preventivas hacia el sector de mayor riesgo: la descendencia de progenitores obesos. No obstante, se debe considerar que la mayoría de estos trabajos se realizaron en sociedades con una economía avanzada y que, tal vez, los resultados serían distintos en poblaciones con características socioeconómicas diferentes.

El descubrimiento en humanos del llamado gen de la obesidad o gen *ob* cambió la noción sobre el papel de la herencia en el desarrollo de la obesidad. Este gen codifica la proteína leptina, que actúa a nivel del hipotálamo e influye en el apetito y el balance energético. También se ha descubierto que una deficiencia genética de leptina altera la saciedad, lo que provoca hambre constante y conduce al consumo excesivo de alimentos.

Velásquez (2000) afirma que, aunque 25 % a 35 % de los casos de obesidad de origen genético se presentan en familias con padres de peso normal, el riesgo es mayor cuando los padres son obesos. Este riesgo podría atribuirse a la adopción de hábitos alimenticios similares en familias genéticamente predispuestas.

Factores metabólicos

Se ha postulado que una anomalía metabólica básica podría incrementar el almacenamiento energético en el tejido adiposo y provocar obesidad por varios mecanismos:

- La desviación preferente de los sustratos energéticos hacia la síntesis y el almacenamiento de triglicéridos.
- El aumento de la eficiencia para degradar hidratos de carbono, ácidos grasos y aminoácidos, almacenando la energía adicional en forma de triglicéridos en el tejido adiposo.
- Una mayor eficiencia para realizar trabajo fisiológico, lo que resulta en la necesidad de menos energía, con el consiguiente exceso convertido en triglicéridos y almacenado en el tejido graso.
- La inhibición de la movilización de la energía almacenada como triglicéridos en el tejido adiposo.

En otras palabras, el individuo con obesidad podría catalogarse como alguien con una eficiencia metabólica energética superior al promedio habitual (Coplamar, 2000, p. 291).

Las células adiposas

La teoría del adipocito postula la existencia de periodos críticos para la reproducción de estas células en la vida humana. Durante mucho tiempo, se identificaron tres momentos clave en la génesis de las células adiposas: el último trimestre de gestación, los primeros dos años de vida y la adolescencia. Estos periodos se caracterizan por la hiperplasia del tejido adiposo y la influencia de factores genéticos, endocrinos, metabólicos y alimentarios que favorecen la producción excesiva de células grasas.

A partir de esta teoría, se explica la permanencia de la obesidad en adultos que fueron niños o adolescentes obesos. Sin embargo, en la actualidad existe controversia, ya que se ha identificado un grupo de adultos obesos que no lo fueron durante la infancia o adolescencia, pero que tienen un mayor número de células adiposas.

Autores como Abernathy (1999) señalan que el número de células adiposas puede aumentar a lo largo de la vida y no disminuye con la pérdida de peso. Durante el embarazo, las mujeres incrementan tanto la cantidad de estas células como la grasa que contienen (hiperplasia e hipertrofia). Este incremento ocurre sobre todo en la región subescapular, aunque hay evidencia epidemiológica de que la acumulación de grasa varía según la región corporal y el tipo de población estudiada.

Factores del sistema nervioso central

Algunos estudios, como los de Troiano (1996), explican que los mecanismos básicos que regulan la ingesta energética o el acto de comer se localizan en el sistema nervioso central, en el encéfalo en particular. Este sistema desempeña además un papel clave en la regulación del metabolismo energético al influir en la secreción hormonal.

El hipotálamo es una de las áreas del encéfalo con mayor influencia en la regulación de la ingestión de alimentos. Se ha observado que la destrucción del núcleo ventromedial del hipotálamo en animales causa hiperfagia, hiperinsulinismo y obesidad, mientras que la estimulación eléctrica del llamado centro de saciedad interrumpe la ingesta de alimentos.

En humanos, tumores, inflamaciones o lesiones en esta zona pueden causar obesidad. Aún no se ha determinado si anomalías anatómicas o funcionales más sutiles, de origen genético o adquirido, son responsables de algunas formas de obesidad humana. También se sabe que existen centros encefálicos superiores e inferiores que influyen en la regulación del comportamiento alimentario, aunque sus mecanismos no están del todo claros.

Factores endocrinos

Algunas formas de obesidad pueden explicarse por desequilibrios hormonales primarios que afectan el comportamiento alimentario, el gasto energético o ambos, generando un balance energético positivo y acumulación de energía en el tejido adiposo.

En muchos pacientes obesos se han identificado cambios en el funcionamiento endocrino, los cuales, en la mayoría de los casos, son consecuencia y no causa de la obesidad. Entre las alteraciones endocrinas relacionadas con el desarrollo de obesidad se encuentran el síndrome de ovarios poliquísticos (sop), el hiperinsulinismo, el síndrome de Cushing y el hipotiroidismo, aunque su prevalencia en la población general es relativamente baja (Sánchez, 2000, p. 120).

Factores nutricios

Como ya se ha dicho, la obesidad es resultado de ingerir un exceso de energía, tal y como se demuestra en estudios de ingestión energética mediante la utilización de agua doblemente marcada. Esta situación ocurre con mayor frecuencia en individuos genéticamente susceptibles. Una vez que aparece la obesidad, otros factores, como la inactividad física y las adaptaciones metabólicas y hormonales, pueden contribuir a que persista o se agrave. Todo esto, matizado por factores psicológicos propios de cada individuo.

La sobrealimentación puede ocurrir en cualquier etapa de la vida, pero, en lo que respecta a la obesidad, su inicio en los primeros meses de edad puede tener particular importancia.

La nutrición materna antes y durante el embarazo constituye un factor esencial para el peso corporal del individuo al nacer y durante su vida adulta. Sin embargo, investigaciones recientes lideradas por el grupo de Barker (1999) en Inglaterra sugieren que la desnutrición intrauterina predispone al feto a padecer enfermedades crónicas (obesidad, hipertensión, diabetes *mellitus*) en la vida adulta.

Otro aspecto importante de la dieta del obeso es la distribución de los nutrimentos. Algunos estudios sobre los hábitos de alimentación en sujetos obesos muestran que, por lo general, tienden a abusar de alimentos ricos en lípidos. Estos, debido a su elevada densidad energética y la ausencia de una regulación adecuada entre comidas —a diferencia de las proteínas y los hidratos de carbono—, favorecen su depósito en forma de grasa corporal.

14.3 El estilo de vida como factor de un hábito alimentario

Los cambios recientes en el estilo de vida, caracterizados por un consumo excesivo de energía y una reducción notable en la actividad física, ofrecen una explicación razonable para la etiología de la obesidad. La disminución en los patrones de actividad física en los países desarrollados, e incluso en las naciones en vías de desarrollo, ha contribuido significativamente al incremento del problema.

Entre las causas están la reducción de la actividad física en numerosos trabajos (con sus excepciones), el uso de equipos automatizados que disminuyen el esfuerzo físico y la merma en el tiempo destinado al esparcimiento.

Las perturbaciones emocionales, en ocasiones, precipitan la sobrealimentación y acompañan a la obesidad. En personas obesas se han observado casi todos los tipos de trastornos psicológicos, incluidos ansiedad, culpa, frustración, depresión y sentimientos de rechazo y vulnerabilidad. Sin embargo, no se ha atribuido a la obesidad ninguna personalidad o trastorno psiquiátrico característico.

Tanto en individuos obesos como en los no obesos, el alimento adquiere una dimensión que va más allá de lo meramente nutritivo, ya que puede atenuar ciertas situaciones de tensión emocional. Se postula, entonces, que la relación entre los diferentes tipos de personalidad y la presencia o ausencia de obesidad depende de la respuesta a los estímulos del medioambiente relacionados con la comida (aspecto, forma, color, olor, ambiente social, hora del día, etc.). Se afirma que las personas obesas tienen una mayor sensibilidad a dichos estímulos.

Los datos epidemiológicos indican que la prevalencia de obesidad está notablemente influenciada por factores sociales, raciales y otros relacionados con el estilo de vida. La obesidad está lejos de distribuirse de manera uniforme en la sociedad. En los países desarrollados, representa un serio problema de salud pública, aunque también en economías menos privilegiadas aparecen altas prevalencias de obesidad.

En general, se ha encontrado una relación inversa entre el nivel socioeconómico y el predominio de obesidad, fenómeno que aumenta entre las mujeres. En el estudio NHANES de Estados Unidos se ha observado que los individuos en situación de pobreza extrema tienen mayores índices de obesidad. Sin embargo, gracias a la prosperidad económica también aparece un estilo de vida que favorece el desarrollo de esta condición (INSP, 1999).

La obesidad se percibe como un estilo de vida que conlleva una apariencia física indeseable y como un signo de defectos de carácter. Incluso, desde los seis años, los niños perciben a sus pares obesos como vagos, sucios, estúpidos, feos, mentirosos y tramposos (Gutiérrez, 2008).

14.4 Estado actual del hábito alimentario

Las guías de alimentación ofrecen consejos sobre cómo los buenos hábitos al comer influyen en una salud óptima y en la reducción del riesgo de enfermedades crónicas graves. En la actualidad, los responsables del nuevo modelo buscan transmitir los mensajes de estas guías, promoviendo pequeños cambios en la dieta y un incremento en la actividad física.

La nueva pirámide alimentaria pone especial énfasis en consumir alimentos variados, simbolizados por seis franjas de colores que representan los cinco grupos alimenticios y los aceites. Además, este sistema incorpora tecnología interactiva, proporcionando recomendaciones personalizadas sobre la ingesta calórica diaria (Chavarrías, 2005).

El nuevo modelo busca individualizar las necesidades de cada persona. Los expertos animan a los consumidores a identificar los alimentos que deben consumir a diario y el nivel de actividad física conveniente. Desde las primeras guías, el objetivo ha sido fomentar un cambio en los comportamientos de consumo. Este propósito cobra mayor relevancia ahora, pues se reconoce que el hábito de alimentación también refleja la salud mental y una filosofía de vida.

En los últimos años, las cifras de obesidad han aumentado notablemente. Según los expertos, esto se debe a la práctica de costumbres inadecuadas. Un estudio de la Michigan State University reveló que solo el 3 % de los adultos estadounidenses mantiene hábitos de vida saludables. Entre las más de ciento cincuenta mil personas analizadas, una ínfima minoría sigue una dieta equilibrada, realiza ejercicio de forma regular y mantiene un peso adecuado.

La obesidad también se asocia con un mayor riesgo de desarrollar enfermedades. Por ejemplo, una investigación reciente publicada en el *British Medical Journal* demostró que la obesidad en la mediana edad incrementa de manera significa el riesgo de demencia. Tras 27 años de seguimiento a más de diez mil personas, el 7 % desarrolló demencia, y aquellas con obesidad enfrentaban un 74 % más de riesgo que las de peso normal. La lucha contra la obesidad va más allá de los aspectos nutricionales, sugiriendo un cambio profundo en la mentalidad, promoviendo una filosofía basada en la terapia Gestalt.

El desorden alimenticio en personas con sobrepeso u obesidad se caracteriza por la ingesta compulsiva y excesiva de comida. Esta conducta, aunque reconocida como dañina, no puede evitarse con facilidad, ya que está relacionada con patrones emocionales, estrés, ansiedad y depresión.

Niños y adolescentes también pueden sufrir depresión, una enfermedad tratable. Esta interfiere con su funcionamiento y puede provocar alteraciones en la alimentación. Cerca del 5 % de los niños y adolescentes padece esta condición en algún momento, especialmente aquellos expuestos a tensiones, pérdidas o desórdenes de atención, aprendizaje o ansiedad (Harper, 1999).

Un hijo obeso tiene mucha fuerza en el núcleo familiar. En las familias donde la obesidad no tiene un valor de inclusión, un hijo con sobrepeso es a menudo percibido como un problema. El niño tiene un desmesurado grado de control sobre la familia. Por lo regular, haciendo una crisis de cólera consigue el alimento de uno de los cónyuges, mientras que el otro se queja, aunque no puede frenar el proceso.

Inclusive, problemas de peso en una pareja puede utilizarse para establecer cercanía y/o distancia sexual. Si uno de los dos tiene dificultad con la cercanía emocional, ganar peso puede ser una seudosolución al problema.

Esta solución es muy cómoda para el miembro delgado de la pareja, quien de esta forma tiene una razón aceptable para evitar la cercanía sexual y la vulnerabilidad emocional. Por otra parte, si el compañero obeso pierde peso y gana una mejor apariencia, el compañero delgado será el primero que muestre signos de miedo a tener mucha intimidad (Castanedo).

Es importante evitar generalizaciones sobre la relación entre obesidad e intimidad en las familias. Problemas de inclusión y control suelen ser factores más relevantes. Por ejemplo, un joven obeso puede evitar relaciones íntimas debido a una excesiva lealtad hacia su familia de origen, dificultando la intimidad externa (Stuart y Jacobson, 1987).

Así como la obesidad en sí misma no es un fenómeno uniforme, la familia con miembros obesos presenta una gran variedad de sistemas de creencias y dificultades de interacción. Algunas familias están obsesionadas con el peso, mientras que otras no lo están. Algunas han intentado todas las dietas existentes y son «expertas» en nutrición, mientras que otras ignoran los rudimentos de la materia. Algunas familias tienen miembros obesos durante generaciones, mientras que otras se angustian con el problema del peso de un hijo y lo ven como una desviación (Castanedo).

Para poder entender a los adolescentes, es necesario primero conocer a qué nos referimos cuando hablamos de adolescencia. No solo eso, sino también es importante ubicarnos en su ambiente social. Eso nos lleva a tomar en cuenta la visión de algunas teorías respecto a esta etapa de la vida en la cual se desarrolla nuestro trabajo, como es el caso de la psicogenética y su particular paradigma sobre este período, en el que ocurren un sinnúmero de cambios a todos los niveles. A este respecto, se dice que:

> La personalidad se inicia (...) a partir del final de la infancia (de ocho a doce años), con la organización autónoma de las reglas, de los valores y la afirmación de la voluntad como regulación y jerarquización moral de las tendencias.
>
> (...)
>
> El adolescente (...) se coloca como un igual ante sus mayores, pero se siente otro, diferente de estos, por la vida nueva que se agita en él.
>
> (...)

En cuanto a la vida social del adolescente, podemos encontrar en ella una fase inicial de replegamiento (…) y
una fase positiva. En el transcurso de la primera, el adolescente parece muchas veces completamente asocial y
casi asociable (…). No siente más que desprecio y desinterés hacia la sociedad real, que él condena.

> (…)

Luego vienen las sociedades más amplias, los movimientos de juventud, dentro de los cuales se despliegan los
ensayos de reorganización positivos y los grandes entu-
siasmos colectivos (Piaget, 1993, pp. 65-66).

Así, una vez más, damos cuenta de cómo todos buscamos satisfacer la necesidad de estar bien con nosotros mismos, o, como
dijera el mismo Piaget, luchamos por restablecer el equilibrio.

Entonces, la adolescencia es un período durante el cual
la persona se encuentra en transición de la infancia a la edad
adulta. Se dice que esta etapa abarca los años comprendidos
entre los doce y los veinte (Jersild, 1972, p. 5). Es así como
a la persona que atraviesa este período la llamamos adolescente, quien sufre cambios físicos, cognoscitivos y emocionales. Es aquí cuando el individuo evalúa su cuerpo. Puede
volverse intolerante al no conseguir adaptarse a su medio por
su imagen corporal (muy gordo o delgado), pues los medios
masivos, algunas veces, favorecen esta intolerancia al presentar imágenes estereotipadas de jóvenes atractivos que pasan por esta etapa de la vida sin frenos ni problemas de peso
(Craig, 2001, p. 346).

Por otra parte, parece ser que cada uno de los autores que
se refiere a la adolescencia le atribuye diversas causas a la gran
cantidad de crisis. Sin embargo, en lo que todos coinciden es que
es un período de muchos conflictos, dudas y caídas.

Por último, distintos autores coinciden en que la adolescencia es una etapa de conflictos y dudas. Según Wallon, los cambios

biológicos y psicológicos llevan al adolescente a reflexionar sobre sí mismo y sus transformaciones (Perraudeau, 1999, p. 40).

Para tener una visión más amplia sobre el período de la adolescencia, consideramos necesario dirigir nuestra atención hacia la perspectiva psicoanalítica. Aunque ha sido criticada por su falta de profundidad en este tema, ofrece aportaciones enriquecedoras. Por ejemplo, señala que durante esta etapa se utilizan mecanismos de defensa específicos para evitar que el yo experimente displacer.

> La negación y la evasión usadas como defensa tienen un aspecto adaptativo: se entra a considerar la evasión de lo demasiado peligroso y la búsqueda de lo que es, cuando menos, posible (...). Al obtener acceso a una vida externa completa y excitante, el adolescente contrarresta sus insufribles sentimientos de vacío, aislamiento y soledad (...). Los mecanismos compensatorios son un modo de mantener el balance narcisista: los defectos mentales o físicos que se experimentan como un menosprecio narcisista estimulan la proliferación, frecuentemente forzada, de dotes especiales y, por lo tanto, compensan la declinación amenazante de la autoestimación (Blos, 1994, p. 25).

Según el psicoanálisis, la pubertad es una etapa caracterizada por un gran aumento de la excitación nerviosa y la ansiedad, así como por la aparición de fobias genitales (Muss, 1995, p. 214). Además, esta teoría considera que la obesidad representa un bloqueo en el desarrollo sexual, ya que el adolescente se muestra incapaz de aceptar un cuerpo genital. A través de la ingesta excesiva de alimentos, busca combatir su soledad y, al mismo tiempo, evitar su maduración sexual. La masa corporal actúa como una «pantalla o burbuja» cuya función es proteger, aislar y brindar seguridad al adolescente obeso (Aguirre, 1996, pp. 73-74).

Si bien estas ideas pueden observarse en nuestra cultura actual, donde predomina la preferencia por cuerpos delgados, surge una cuestión importante: ¿qué sucede con el adolescente que no encaja en este prototipo? Aquí es donde comienzan los problemas y las consecuencias psicológicas. Por ello, resulta esencial investigarlas, especialmente en adolescentes con obesidad, tema que abordaremos más adelante. Con esta comprensión de los hábitos alimentarios durante la adolescencia, podemos vincularlos con la filosofía Gestalt para abrir nuevas perspectivas.

14.5 Estado del arte del hábito alimentario (obesidad)

Bruch (1980) propuso que los indicadores de hambre pueden confundirse con señales de estados emocionales, lo que ocasiona una ingesta inadecuada. Según esta autora, es posible que el individuo obeso confunda sus estados de activación emocional con el hambre, lo que lo lleva a comer cuando experimenta estas emociones.

Aunque la literatura sobre los patrones conductuales de las personas obesas es amplia y variada, existe cierta contradicción en los hallazgos. Sin embargo, se han identificado factores básicos que deben analizarse:

- El estilo de alimentación;
- la influencia de los estímulos externos en la conducta de sobreingesta;
- y patrones de actividad física (Bruch, 1980, p. 70).

La obesidad está aumentando no solo en los Estados Unidos, sino en el mundo entero. En el 2004 se estimó la existencia de ciento cuarenta mil personas con banda gástrica, que lograron perder más de 45 kilos y mantenerlo. Cada vez más personas acuden a este método como alternativa moderna y que proporciona resultados casi inmediatos en la reducción de peso (Freedman y James, 2001-2002).

El costo de la banda gástrica se acerca a los veinte mil y hasta cincuenta mil dólares (Steinbrook, 2004), por lo que aún es una alternativa costosa para aquellos que no tienen esta posibilidad. Entonces, no es una alternativa alcanzable para cualquiera que padezca de obesidad y, en conclusión, quizá no es la técnica más recomendable para resolverla.

Dado que la obesidad es un problema de salud pública que afecta a un porcentaje significativo de la población y cuya prevalencia va en aumento, resulta prioritario analizar cómo los factores socioambientales contribuyen a su desarrollo y mantenimiento. La promoción de hábitos saludables de alimentación y actividad física desde la infancia es crucial, ya que, como hemos visto, los niños obesos suelen convertirse en adultos obesos.

Además, es importante investigar los antecedentes familiares de obesidad, ya que esta condición se presenta con frecuencia en varios miembros de una misma familia. Esto refuerza la hipótesis de la influencia genética y representa un mal pronóstico para el tratamiento. Asimismo, en estos familiares es común detectar complicaciones metabólicas o cardiovasculares, relacionadas o no con la obesidad.

Un tercer procedimiento fundamental para evaluar los patrones alimentarios y de actividad física en personas obesas es el autorregistro. Este instrumento puede ofrecer una visión detallada de las conductas que conducen al desequilibrio energético (Saldaña, 2000, p. 92).

Tabla 2. *Estímulos antecedentes de la conducta de ingesta*

Estímulos ambientales externos	Estímulos internos 1. Cognitivos	
Horarios de comida	Estado emocional que desencadena o puede desencadenar la conducta de ingesta. Por ejemplo: sentirse aburrido, tenso, deprimido, ansioso, enfadado, pesimista
Respuestas ante las características inherentes a los alimentos (olor, sabor, apariencia externa)	Expectativas del sujeto
Hábitos de compra de alimentos	**2. Biológicos**
Hábitos de almacenamiento: disponibilidad de los alimentos	Problemas médicos
Lugar donde se consumen los alimentos	Desequilibrio energético
En presencia de quién se consumen los alimentos	Déficits nutritivos temporales.
Actividades que se realizan simultáneamente con la ingesta (leer, ver la TV, etc.)	Presencia o ausencia de la sensación física de hambre o saciedad
Hábitos familiares, amigos, compañeros.	

Lo más novedoso en este tiempo, médicamente, es el *bypass* gástrico y la gastroplastia o partición gástrica. Este procedimiento consiste en crear una cavidad gástrica muy pequeña (50 cm^3) en la región astral, debajo de la unión esófago-gástrica, mediante una sutura que excluye el resto del estómago.

Otro método es el balón intragástrico, que consiste en instalar un balón inflable en el estómago del paciente obeso para producir sensación de saciedad y, así, disminuir el hambre. Otros procedimientos incluyen la vagotomía, que implica una sección truncal del nervio vago (Kral, 1978, p. 119).

En cuanto a la terapia psicológica, se recurre a tratamientos de tipo conductual que emplean técnicas basadas en los principios del condicionamiento clásico. Estas técnicas buscan establecer respuestas aversivas condicionadas hacia ciertos alimentos con elevado nivel calórico o hacia la sobreingesta, asociando un estímulo desagradable —como un choque eléctrico, un olor nauseabundo o humo (estímulo incondicionado)— con el alimento o el acto de comer (estímulo condicionado; Saldaña, 2000, p. 121).

Un terapeuta puede abordar el tratamiento desde diversas perspectivas teóricas. Por ejemplo, un terapeuta sistémico de Milán, al abordar asuntos de inclusión, utilizará el concepto del «significado» en la imagen que la familia tiene de sí misma como unidad. Un terapeuta estructural, en cambio, analizará la dinámica familiar en términos de «límites» y «estructuras». Por su parte, un terapeuta boweniano enfocará los problemas desde la indiferenciación del *self* en la familia de origen. La filosofía Gestalt intervendría mediante la toma de conciencia de las creencias inconscientes del paciente, con el fin de modificar su sistema de creencias por uno que le permita alcanzar mayores beneficios personales y, en consecuencia, para quienes le rodean.

La autoobservación resulta fundamental para el cumplimiento de cualquier tratamiento, ya sea conductual o médico. Esto permite llevar registros de las mejoras o estancamientos en la salud del paciente, ya sea un adolescente obeso o un adulto bajo supervisión de un nutriólogo, psicólogo o médico. Los autorregistros son herramientas valiosas para evaluar de forma objetiva las variables implicadas en la adquisición y el mantenimiento de la obesidad (p. 123).

Entre las técnicas empleadas se encuentran:

- el refuerzo proporcionado por el terapeuta;
- el refuerzo autoadministrado por el paciente;

- y el refuerzo social del entorno recibido por el paciente (Saldaña, 2000, p. 133).

El hábito alimentario ha cobrado gran importancia en la actualidad debido a los avances tecnológicos y la creciente conciencia sobre la salud, que nos han llevado a adoptar medidas preventivas, en ocasiones de forma superficial, como una manera de evitar la muerte. Por ello, la atención nutricional se ha convertido en una herramienta clave para fomentar un estado saludable en las personas.

La evaluación nutricional debe considerar el patrón cultural de alimentación, ya que las preferencias alimentarias están vinculadas a creencias y prácticas dietéticas y religiosas. Esto permite sugerir mejoras o modificaciones que no contradigan las normas de cada individuo. La hora de la comida debe ser una experiencia positiva, en un ambiente agradable, sin corrientes de aire, con una temperatura adecuada y en una posición cómoda, ya sea sentado o acostado. Es importante evitar situaciones o entornos desagradables que interfieran con el acto de comer (Saldaña, 2000, p. 427-433).

La nutrición es un factor importante en el origen y el tratamiento de diversas causas de muerte e incapacidad en la sociedad contemporánea. Vasculopatías, obesidad, hipertensión, anemia, osteoporosis, diabetes y cáncer son enfermedades frecuentes en que la nutrición interviene en grado significativo.

Entre profesionales médicos y de salud, el criterio simplista de la obesidad como reflejo de ingestión excesiva de alimentos o actividad física inadecuada ha sido abandonado poco a poco y se ha adoptado la idea de que factores fisiológicos, metabólicos y genéticos pueden ocasionar este estado corporal indeseable.

En este contexto, programas como Healthy People 2000 buscan reducir la prevalencia de la obesidad en los Estados Unidos. Por su parte, la American Association for Fats Americans (AAFA) trabaja para eliminar cirugías riesgosas, promulgar leyes contra la discriminación por talla y peso, sensibilizar a los profesionales de la salud y regular la industria de dietas para evitar afirmaciones erróneas.

Los esfuerzos actuales están orientados hacia una nueva formación en educación nutricional, promoviendo la selección de alimentos saludables y evitando trastornos como la anorexia y la bulimia. Sería necesario eliminar los gráficos de talla y peso, ya que son inexactos como indicadores de salud y vitalidad. La sociedad debería centrarse en el bienestar general más que en el peso corporal.

La obesidad ha sido objeto de múltiples investigaciones, que señalan una interacción compleja entre factores genéticos y ambientales, incluyendo influencias psíquicas, culturales y fisiológicas. Las recomendaciones más recientes apuntan a llevar una dieta balanceada junto con ejercicio y modificaciones conductuales (Saldaña, 2000).

El consumidor, sin embargo, es bombardeado con métodos que prometen resultados rápidos, pero que suelen generar deficiencias nutricionales cuando se siguen a largo plazo. Estas dietas, a menudo abandonadas, fomentan falsas expectativas y sentimientos de culpa. El ayuno, por ejemplo, es poco utilizado como tratamiento para la obesidad, aunque algunas personas lo practican por motivos religiosos o como protesta.

¿Cómo podemos modificar este hábito? Los programas de esta índole se refieren a tres puntos; autovigilancia, control de estímulos y técnicas de autorrecompensa. La autovigilancia incluye registros diarios de sitio y hora de ingestión de alimentos. Así se aporta retroalimentación en cuanto a la evolución y hace que el propio paciente sea el responsable de los cambios y logros.

La autovigilancia aporta datos de la aparición de recaídas, de la culpa ulterior y de la forma de evitarlas. El control de estímulos entraña modificación de:

- el entorno o la cadena de hechos que anteceden al consumo de alimentos;
- el tipo de alimentos consumidos en cada sesión de comida y
- las consecuencias del consumo.

El último componente es la autorrecompensa para el control alimentario. La modificación conductual del control de peso al parecer tiene máxima eficacia en el sujeto con obesidad leve (20 a 40 % de sobrepeso).

En los niños, el consumo de energía y la obesidad se ven muy influenciados por el tiempo dedicado a actividades sedentarias, como ver televisión. En contraste con la opinión popular, el ejercicio no reduce de manera inmediata la grasa localizada, sino que esta disminuye de las zonas con mayor concentración de tejido adiposo. Tampoco es cierto que el ejercicio aumente el apetito. Los obesos, por ejemplo, no compensan el gasto calórico con un incremento proporcional en la ingesta de alimentos, tal vez debido a que su nivel de ejercicio es menos intenso (Saldaña, 2000).

El ejercicio contribuye al bienestar y a la autoestima, incluso si no se logra una pérdida de peso. Además, es útil para que la persona mantenga su pérdida ponderal cuando esta ocurra.

El frijol, la salsa y la tortilla han dejado de ser la base de la alimentación de familias y trabajadores. Sopas instantáneas, papas fritas, embutidos y refrescos, en lugar de agua, dominan la mesa mexicana debido a su bajo costo, aunque son alimentos ultraprocesados. Economistas y nutriólogos observan lo que llaman «obesidad por carencia».

Uno de cada tres adolescentes tiene sobrepeso u obesidad, y el 71,9 % de las mujeres mayores de 20 años se encuentra en la misma situación. Del 67 % de los mexicanos, entre 20 y 65 años, que padecen problemas de obesidad, 29 millones son trabajadores, muchos de ellos mal alimentados. El poco tiempo para comer, los largos trayectos hacia los centros laborales y un presupuesto limitado son las principales causas de la desnutrición en este sector de la población.

En México, se venden anualmente más de 514 millones de vasos de sopas instantáneas, lo que representa el 15 % de la producción mundial de este alimento, prohibido en países como España.

En contraste, los productos que antes eran indispensables en la dieta nacional han disminuido en su adquisición. Por ejemplo, en 1997, cada mexicano consumía, en promedio, 120 kilos de tortilla al año; una década después, la cifra se redujo a 90 kilos. Lo mismo ocurrió con el arroz, el frijol, las frutas y las verduras. Según datos de la Encuesta Nacional de Juventud 2005, el 60 % de los adolescentes y jóvenes no ingiere la cantidad mínima recomendada de frutas y verduras, lo que también afecta los índices de rendimiento escolar.

De acuerdo con la Encuesta Nacional de Nutrición, los mexicanos consumen diariamente 120 gramos de frutas y verduras, cuando deberían consumir 400 gramos. Además, el consumo promedio de calorías es de 3200, cuando una dieta saludable requiere un máximo de 2200. Empresas de alimentos como Bimbo y de bebidas como Coca-Cola y PepsiCo han iniciado campañas a favor de la nutrición, buscando adelantarse a una legislación en materia de salud y llegar a un mercado de 41 millones de personas.

La OMS y la organización civil Consumers International implementaron, a partir de 2009, un código internacional sobre publicidad de alimentos y bebidas no alcohólicas dirigida a niños. Esto implica que los anuncios deben adecuarse a normas internacionales. Según el doctor Felipe Torres, México carece de una verdadera política alimentaria: «No hay regulación de los alimentos industrializados, no se verifica la calidad de los alimentos, falta educación nutricional y no existe una política encaminada a ello...».

Entre 1999 y 2006, la obesidad y el sobrepeso aumentaron un 39,7 % en los niños menores de cinco años, según la Encuesta Nacional de Salud y Nutrición 2006. Uno de cada tres adolescentes presenta sobrepeso. En adultos, el problema es alarmante: el 71,9 % de las mujeres y el 66,7 % de los hombres tienen sobrepeso u obesidad.

En el ámbito de la investigación, existen dos posturas para explicar el rápido crecimiento de la obesidad en México. La más difundida señala que el estilo de vida en las grandes urbes y los malos hábitos alimenticios son los principales responsables. Para la nutrióloga Georgina del Ángel, la falta de tiempo es un factor determinante, aunque no el único, en la deficiente alimentación de los mexicanos.

En el país, se venden 4,5 millones de vasos de sopas Maruchan al día. Sin embargo, cuarenta años después, sigue habiendo «graves problemas de desnutrición infantil» y las tendencias indican que el problema persistirá durante varias décadas más (Gómez, 2008).

Reportes emitidos por la OMS señalan que la obesidad es uno de los diez principales retos que enfrenta la ciencia médica a nivel mundial, ya que desencadena enfermedades mortales. Según la SSA, el avance alarmante de la obesidad en las últimas décadas en México revela que dos terceras partes de las personas mayores de veinte años tienen dificultad para controlar su peso. Además, el 25 % de este sector padece obesidad severa y solo el 4 % recibe atención médica (Gutiérrez, 2008).

Se recurre a métodos quirúrgicos para combatir la obesidad. El más conocido es la liposucción, que consiste en aspirar los depósitos de grasa, mediante una incisión de uno o dos centímetros, a través de un tubo que se rota en el tejido adiposo.

La psicoterapia se ha aplicado en situaciones individuales y grupales para tratar la obesidad. No obstante, su eficacia no se ha corroborado en detalle debido a la falta de estudios con testigos apropiados.

En Estados Unidos existen dos grandes redes de autoayuda llamadas Overeaters Anonymous (Comelones Anónimos) y Take Off Pounds Sensibly (TOPS). Estos grupos brindan servicios económicos y continuos, que incluyen un sistema de apoyo entre compañeros y fomentan la participación regular.

Por lo expuesto anteriormente, la obesidad es un problema biológico, psicológico, familiar y cultural. El tratamiento psicoterapéutico, debido a su complejidad, presenta muchas dificultades (Doherty y Colangelo, 1984). Este debe organizar los asuntos relacionados con la obesidad en la familia y establecer un enfoque clínico para asignar prioridades en el tratamiento.

La eficacia de la psicoterapia no se mide nada más en términos de pérdida de peso, sino también en la capacidad de afrontar los problemas familiares que convierten a la obesidad en un problema para la persona obesa y su entorno. A veces, los resultados conducen a una reducción del peso; otras, a una aceptación más realista del peso actual (Castanedo, 2008).

Aunque las estrategias mencionadas, como dietas, bandas gástricas y terapias conductuales, han mostrado cierta eficacia, los logros suelen ser temporales. Si bien los pacientes obesos pierden peso, la dificultad radica en mantener esa pérdida y adoptarla como un estilo de vida (Anderson, Grant, Gotthelf y Stifler, 2007).

En México nuestras investigaciones radican en establecer lo que hemos estado mencionando a lo largo del trabajo: un adecuado hábito mediante la utilización de técnicas conductuales y, aunque esto ha mostrado tener eficacia, no ha sido suficiente. Pareciera que aún falta algo más a considerar en la reducción definitiva de peso en personas con este problema de salud y sobre todo en el caso de los adolescentes, por ser una edad donde la personalidad se está consolidando y sus esquemas mentales o su percepción cognitiva no es tan rígida como la de una persona adulta.

La filosofía Gestalt no ha sido considerada como modificadora en el hábito alimentario. Quizá necesitemos un énfasis en la conciencia y un trabajo arduo para que cada persona obesa adquiera no una conciencia superflua, sino la consciencia, que tanta importancia tiene para la filosofía Gestalt. Con ella seguramente vendrán los cambios en beneficio para sí y, por ende, hacia la misma sociedad.

Anexo
Contenido clave para la impartición de la filosofía Gestalt

Cronograma complementario de filosofía Gestalt para la intervención

Sesión	Objetivo general	Objetivo específico	Actividades	Instrumento
1.ª	Negociación	Entablar un acuerdo con el sujeto a observar, así como el *rapport*	Realizar una plática introductora acerca de cómo trabajaremos	Plática. Evaluación. Que escriba qué está pensando ahora de él mismo o los demás. Que describa su autoimagen (ser real, ideal, social). Introducción de técnica de respiración o meditación
2.ª y 3.ª	Conocer cómo afecta socialmente el hábito alimentario del adolescente obeso	Conocer la interacción familiar	Realizar cuestionamientos acerca de la manera en que se relaciona con sus padres	Introducción a la filosofía Gestalt (cañón para estructura o darles copia de los esquemas básicos). «Por algo suceden las cosas y es para bien tuyo»

4.ª	Ídem	Conocer la manera en que ha afectado su aspecto físico en su desenvolvimiento social	Realizar preguntas sobre la influencia de su aspecto físico en su interacción social	Mostrar un examen de las dimensiones del problema a tratar, fortalezas-debilidades, jerarquizar las necesidades del paciente, posibles soluciones, ejecución de acción concreta en forma de t (+ -) y seguimiento

Referencias

Abernathy, R. P. (1994). Is adipose tissue oversold as a health risk? *Journal of the American Dietetic Association, 94*(6), 641.

Aguirre Baztán, A. (1996). *Psicología de la adolescencia.* Bogotá, Colombia: Alfaomega.

Anderson, J. W., Grant, L., Gotthelf, L., & Stifler, L. T. P. (2007). Weight loss and long-term follow-up of severely obese individuals treated with an intense behavioural program. *International Journal of Obesity, 31*(3), 488-493. https://doi.org/10.1038/sj.ijo.0803451

Ballester Arnal, R., & Guirado, M. C. (2003). Detección de conductas alimentarias de riesgo en niños de once a catorce años. *Psicothema, 15*(4), 556-562.

Barrer, L. O. (1988). *Obesidad: fisiopatología y clínica de la nutrición.* Buenos Aires, Argentina: Editorial Médica Panamericana.

Belloch, A. (1995). *Manual de psicopatología.* Madrid, España: McGraw-Hill.

Blos, P. (1994). *Psicoanálisis de la adolescencia.* México: Joaquín Mortiz.

Bourges, H. (1981). Panorama alimentario de México. *Cuadernos de Nutrición, 5*(1), 18-32.

Bowlby, J. (1980). *La pérdida afectiva: tristeza y depresión.* Madrid: Paidós.

Branden, N. (1999). *La autoestima en el trabajo.* México: Paidós.

Bruch, H. (1980). Thin and fat people. In *A woman's conflict: the special relationship between women and food* (32-56). Englewood Cliffs, NJ: Prentice-Hall.

Buendía, J. (1996). *Psicopatología en niños y adolescentes.* Madrid, España: Pirámide.

Carlson, N. R. (1996). *Fundamentos de psicología fisiológica.* México: Prentice Hall.

Casanueva, E., Kaufer-Horwitz, M., & Arroyo, P. (2001). *Nutriología médica.* México: Panamericana.

Centers for Disease Control and Prevention (1999). Decline in deaths from heart disease and stroke—United States, 1900-1999. *MMWR Morbidity and Mortality Weekly Report, 48*(30), 649-656.

Craig, G. J. (1997). *Desarrollo psicológico.* México: Prentice Hall Hispanoamericana.

Cundiff, D. K. (2006). BMI: A poor surrogate for diet and exercise in assessing risk of death. *International Journal of Obesity, 30*(7), 1173-1175. https://doi.org/10.1038/sj.ijo.0803275

Dong, C., Li, W. D., Li, D., & Price, R. A. (2006). Extreme obesity is associated with attempted suicides: Results from a family study. *International Journal of Obesity, 30*(3), 388-390. https://doi.org/10.1038/sj.ijo.0803172

Excess deaths associated with obesity: cause and effect (2006). *International Journal of Obesity, 30*(7), 1171-1172. https://doi.org/10.1038/sj.ijo.0803274

Farré Martí, J. M. (1999). *Diccionario de psicología.* Barcelona, España: Océano.

Flodmark, C. E., Marcus, C., & Britton, M. (2006). Interventions to prevent obesity in children and adolescents: A systematic literature review. *International Journal of Obesity, 30*(4), 579-589. https://doi.org/10.1038/sj.ijo.0803135

Fox, R. (2003). Overweight children. *Circulation, 108,* e9071.

Frankl, V. (2003). *Ante el vacío existencial: hacia una humanización de la psicoterapia.* Barcelona, España: Herder.

Frankl, V. (2005). *Psicoanálisis y existencialismo.* México: Fondo de Cultura Económica.

Freedman, D. S., Khan, L. K., Serdula, M. K., Galuska, D. A., & Dietz, W. H. (2002). Trends and correlates of class 3 obesity in the United States from 1990 through 2000. *Journal of the American Medical Association, 288*(14), 1758-1761.

Freud, S. (1915). *La transitoriedad*. Buenos Aires: Amorrortu.

Freud, S. (1917). *Duelo y melancolía*. Buenos Aires: Amorrortu.

Fulton, R. (2003). Anticipatory mourning: a critique of the concept. *Mortality, 8*(4), 342-351.

Gómez, T., & López, M. L. (2008, junio 12-18). Crisis alimentaria-nutrición. ¿Qué vamos a comer? *El Semanario*.

González Barrón, R. (1998). *Psicopatología del niño y del adolescente*. España: Pirámide.

Grimberg, L. (1994). *Culpa y depresión: estudio psicoanalítico*. Madrid: Alianza.

Gross, R. (1994). *Psicología: la ciencia de la mente y la conducta*. México: Manual Moderno.

Gutiérrez, C. (2008, mayo). Cifras de principales causas de mortalidad en niños mexicanos en el período 1971-2000: transición epidemiológica en niños.

Hernández Sampieri, R. (2006). *Metodología de la investigación*. México: McGraw-Hill.

Hervás, G. (2006). Explorando el origen emocional de las respuestas rumiativas: el papel de la complejidad emocional y la inteligencia emocional. *Ansiedad y Estrés, 12*(2-3), 279-292.

Instituto Nacional de Salud Pública (1999). *Encuesta Nacional de Nutrición. Niños menores de cinco años* (tomo 1). Cuernavaca, Morelos.

James, P. T., Leach, R., Kalamsara, E., & Shayeghi, M. (2001). The worldwide obesity epidemic. *Obesity Research, 9*, 2285-2335.

Jean Piaget. (1993). *Seis estudios de psicología*. España: Planeta Agostini.

Jersild, A. (1972). *Psicología de la adolescencia*. España: Aguilar.

Kaplan, H. I., & Sadock, B. J. (Eds.) (2001). *Sinopsis de psiquiatría* (8.ª ed.). Madrid: Panamericana.

Kaufer Horwitz, M., *et al.* (2001). *Nutriología médica.* México: Panamericana.

Kehl, K. A. (2005). Recognition and support of anticipatory mourning. *Journal of Hospice and Palliative Nursing, 7*(4), 200-210.

Kempe, S. R., & Kempe, C. H. (1998). *Niños maltratados.* España: Morata.

Kral, J. G. (1978). Vagotomy for treatment of severe obesity. *The Lancet.*

Kübler-Ross, E. (2007). *La rueda de la vida.* Barcelona: Ediciones B.

Lazarus, L., & Folkman, S. (1984). *Stress, appraisal and coping.* Nueva York: Springer.

Malecka-Tendera, E., & Mazur, A. (2006). Childhood obesity: a pandemic of the twenty-first century. *Journal of Obesity, 30,* S1-S3.

Martínez y Martínez, R., Cuevas, A., Apodaca, J. J., & Sanz, M. R. (2001). Etapa adolescente, crecimiento y desarrollo. En *La salud del niño y el adolescente* (s. p.). México: El Manual Moderno.

Martorelli, R., Kettel Khan, L., Hughes, M. L., & Grummer-Strawn, L. M. (2000). Overweight and obesity in preschool children from developing countries. *International Journal of Obesity and Related Metabolic Disorders, 24,* 959-967.

Mendel, J. (1982). *La depresión.* España: Herder.

Moss, R. H., & Schaefer, J. A. (1986). Life transitions and crisis: a conceptual overview. En R. H. _____________________. (Eds.), *Handbook of life stress, cognition and health* (pp. 3-28). Nueva York: Wiley.

Muss, R. E. (1995). *Teorías de la adolescencia.* México: Paidós.

Nolen-Hoeksema, S. (1994). Ruminative coping with depressed mood following loss. *Journal of Personality and Social Psychology, 67*(1), 92-104.

Nolen-Hoeksema, S. (2001). Ruminative coping and adjustment to bereavement. En M. S. Strobe (Ed.), *Handbook of bereavement research: consequences, coping, and care* (pp. 545-562). Washington, DC: American Psychological Association.

Nolen-Hoeksema, S. Responses to depression and their effects on the duration of depressive episodes. *Journal of Abnormal Psychology, 100*(4), 569-582.

Nutrition Research Newsletter (NRN) (2000). Body weight and body fat classification of school-age swimmers. *Nutrition Research Newsletter*.

O'Connor, N. (2007). *Déjalos ir con amor*. México: Trillas.

O'Dea, J. (1999). Association between self-concept and body weight, gender, and pubertal development among male and female adolescents. *Nutrition Research*.

Ogden, C. L., Flegal, K. M., Carroll, M. D., & Jonson, C. L. (2002). Prevalence and trends in overweight among US children and adolescents, 1999-2000. *JAMA, 288*, 1728-1732.

Perraudeau, M. (1999). *Piaget hoy: respuestas a una controversia*. México: Fondo de Cultura Económica.

Perspectivas de Salud (2004). *La Revista de Organización Panamericana de Salud*. Vol. 9. N.° 2.

Rando, T. A. (1984). *Grief, dying, and death: clinical interventions for caregivers*. Illinois: Research Press.

Salama Penhos, H. (2004). *Gestalt: de persona a persona*. México: Alfaomega.

Saldaña, C., & Rossell, R. (2000). *Obesidad*. España: Editorial Martínez Roca.

Sánchez, R. (2000). *Enciclopedia Microsoft*. España: Encarta.

Sarason, G. I., & Sarason, B. R. (1996). *Psicología anormal*. México: Prentice Hall.

Sartre, J. P. (2001). *El existencialismo es un humanismo*. México: Ediciones Quinto Sol.

Steinbrook, R. (2004). Surgery for severe obesity. *New England Journal of Medicine, 350*, 1075-1079.

Stevens, J. O. (2004). *Esto es Gestalt*. Chile: Cuatro Vientos.

Troiano, R. P., *et al*. (1996). The relationship between body weight and mortality: a quantitative analysis of combined information from existing studies. *International Journal of Obesity and Related Metabolic Disorders, 20*, 63-75.

Tse Lao, & Okakura, K. (1999). *Maestros orientales*. España: Edicomunicación.

Unal, B., Critchley, J. A., & Capewell, S. (2004). Explaining the decline in coronary heart disease mortality in England and Wales between 1981 and 2000. *Circulation, 109*, 1101-1107.

Uribe, M. (1995). *Tratado de medicina interna*. México: Ed. Panamericana.

Velásquez, O. R., *et al*. (2008, mayo). Hipertensión arterial en México: resultados de la Encuesta Nacional de Salud (ENSA) 2000.

Velásquez, O. R., *et al*. (2008, mayo). Prevalencia e interrelación de enfermedades crónicas no transmisibles y factores de riesgo cardiovascular en México: resultados finales de la Encuesta Nacional de Salud (ENSA) 2000.

Viner, R. M. (2005). Adult socioeconomic, educational, social, and psychological outcomes of childhood obesity: a national birth cohort study. *BMJ Publishing Group*.

Wicks-Nelson, R., *et al*. (1997). *Psicopatología del niño y del adolescente*. España: Editorial Prentice Hall.